イラスト&図解

# 社会人1年目の仕事とマナーの教科書

マネジメントサポートグループ代表
古谷治子

かんき出版

# まえがき

これから社会人としてスタートする人、
後輩を迎えて、もうワンステップ飛躍したいと
思っている若手ビジネスパーソンに、
本書を贈ります。
電話やメール、そして職場でのコミュニケーション、
みなさんなら、どのように乗り切りますか？

▶会社の電話ってどうやってとればいいの？

▶メールってあんまり使わないのよね
（いつもSNSだし）

▶会社の飲み会やイベント、参加はマストなの？
（会社飲みの作法なんてまったくわかんないよ）

スマートフォン世代にとっては、**固定電話は「どうやって出るの？」**と思うかもしれません。SNSでのスタンプコミュニケーションが当たり前であれば、**メール文ってどう書くのか？**　ましてや**飲み会では一体、何を話したらいいのやら**。

会社という世界は、わからないことだらけかもしれません。

私は27年間、新人さんたちをずっと見守り続けてきました。トータルすると、これまで50万人以上の新人さんに、社会人のマナーや仕事の基本を伝授してまいりました。

時代や社会環境によって、新入社員さんたちが苦手とする内容は変わってきていますが、身だしなみや挨拶、正しい敬語の使い方など、ビジネスには変わらないマナーがたくさんあります。そんなビジネスマナーの王道から、近年の傾向とその対策まで、すべてを網羅したのが本書です。

たとえば、電話ならシチュエーション別に対応を紹介、メールでは文例をあげてポイント解説しています。コミュニケーションでは、どんな場面でも役に立つフレーズをたくさんご紹介しました。いずれも、仕事で使うことの多いマナーや作法を、イラストを使って具体的かつ、わかりやすくご紹介しています。

**新人さんはもちろん、若手・ベテランの方まで、仕事の現場ですぐに役立てていただけるはずです。**

また本書では、仕事の基本も徹底伝授。一目置かれる仕事の進め方、効率を上げる工夫から社内外での人付き合いの方法なども、きめ細かく取り上げています。

**マナーとは、人に思いを伝えること。どうしたら相手が喜んでくれるのかという思いやり、想像力を形にしたものです。**

どんな場面で、どのようにして相手に気持ちを届けるのか、その「型」がわかれば、未知なる世界でもきっと、あなたの思いを伝えることができます。

どうぞ本書を片手に、失敗を恐れず、前へ進んでください。

みなさんの社会人生活が大きく躍進していきますように、エールとして本書をお届けいたします。

Contents
社会人1年目の仕事とマナーの教科書



# Part 1

## マナーは絶対に大切
## ――自分らしさより、まずは型を身につける

# Part 2

# ビジネス・コミュニケーションの基本

Contents



# Part 3

# 仕事のルール・進め方
## ——職場で一目置かれるようになる

# Part 4
# 電話応対のルール

Contents

# Part 5

## 文書・メール・SNSのルール

# Part 6

## お客様対応のルール

# Part 7

# 訪問先での打ち合わせのルール

Contents



## Part 8
# 接待・社内飲み会でのマナー



## Part 9
# 冠婚葬祭のルール

装　幀 tobufune（山之口正和）
イラスト 草田みかん
本文デザイン・DTP matt's work（松好那名）
図版協力 のノ字ラボ（野津淳子）
編集協力 大西美貴／笠原仁子

# マナーは絶対に大切

## ——自分らしさより、まずは型を身につける

01

# 会社ってどんなところ?

point

総力戦で目標を達成する集団
好き嫌いではなく、目的意識で動く
6つの意識をもって社会人らしく行動する

## ▼会社は総力戦で共通の目標を達成する場所

会社とは、共通の目標を達成するために、効率よく組織化された集団です。

そして職場は、会社の目標を上司や仲間と力を合わせて協働して果たす場所。その対価としてもらうのがお給料です。

社会人になったのですから、学校やサークルと違って、好き嫌いで区別してはいけません。常に左ページの6つの意識をもって仕事をすべきです。

新人や若手は、周囲から認められたいという気持ちが強く働きがちですが、あせらず、指示されたらまずは言われたように素直に実行します。

わからないことは素早く聞くようにしましょう。誰に聞いていいかわからなければ、先輩や周りの人に、「これは、どなたに伺うべきですか?」と、質問すればすみます。

もちろん自分で考え、自分ができることをやってから聞くべきですが、そのまま迷ったままでいるのは時間のムダ。上司や先輩の力をどんどん借りて、質の高い仕事を目指しましょう。

## 社会人がもつべき6つの意識

この6つは社会人なら身につけておきたいこと。
常に意識しながら行動しよう。

### 1 顧客意識

会社が給料を払えるのは商品やサービスを購入してくれるお客様がいるから。常に顧客優先の行動を。

### 2 協調意識

仕事は、周りと協力して進めるべきもの。チームワークを意識して、周囲と信頼関係が保てるよう努力しよう。

### 3 改善意識

どうすれば、より早く、正確に、仕事ができるようになるか、常に改善意識をもつことが大切。よりよくするための方法を模索しよう。

### 4 コスト意識

売上の合計から人件費、材料費など、必要な経費を引いたものが利益。会社は利益を追求する場。常にコスト意識を忘れずに。

### 5 目標意識

いつまでに、どの程度、どんな方法で行えば確実に目標を達成できるかを日々考える習慣をつけよう。

### 6 安全意識

重要書類や会社の機密、個人情報に関わる書類などの取り扱いには十分に注意を。ちょっとした不注意が、情報流出、漏洩、違反行為に発展し、大きな損失を生むことになる。

02

# 会社の仕組みを知れば自分の役割がわかる

point

- 会社組織はピラミッド構造になっている
- 役職は役割と責任の重さで決まる
- 指示、命令の流れを知って、自分の役割を理解する

## 会社にはタテとヨコのつながりがある

大勢の人がいる会社では、共通の目的に向かうために役職が決められ、それがタテ型の階級構造となってピラミッド状になっています。これが会社の仕組みです。

役割と責任の重さによって役職は決められますが、一般的には左ページの図のような構造です。

トップで経営方針や戦略が決められて目標や指針が決まり、そこから各部署の目標が決められて、指示や命令が上から下へとおりてきます。

あなたも会社の大きな目標を理解して、与えられた役割をこなせるようになりましょう。そして、仕事の流れを自分のところでストップさせないように、指示内容をよく聞くことを心がけます。

また、会社にはタテのつながりとともに、ライン部門とスタッフ部門というヨコのつながりもあります。ラインは会社の売上を直接左右する部門で、スタッフにはライン部門の補佐的な役割があります。

仕事を効率的に進めるために、ヨコのつながりと自分の立場をきちんと理解しておきましょう。

## 一般的な会社の組織構造（会社タテのつながり）

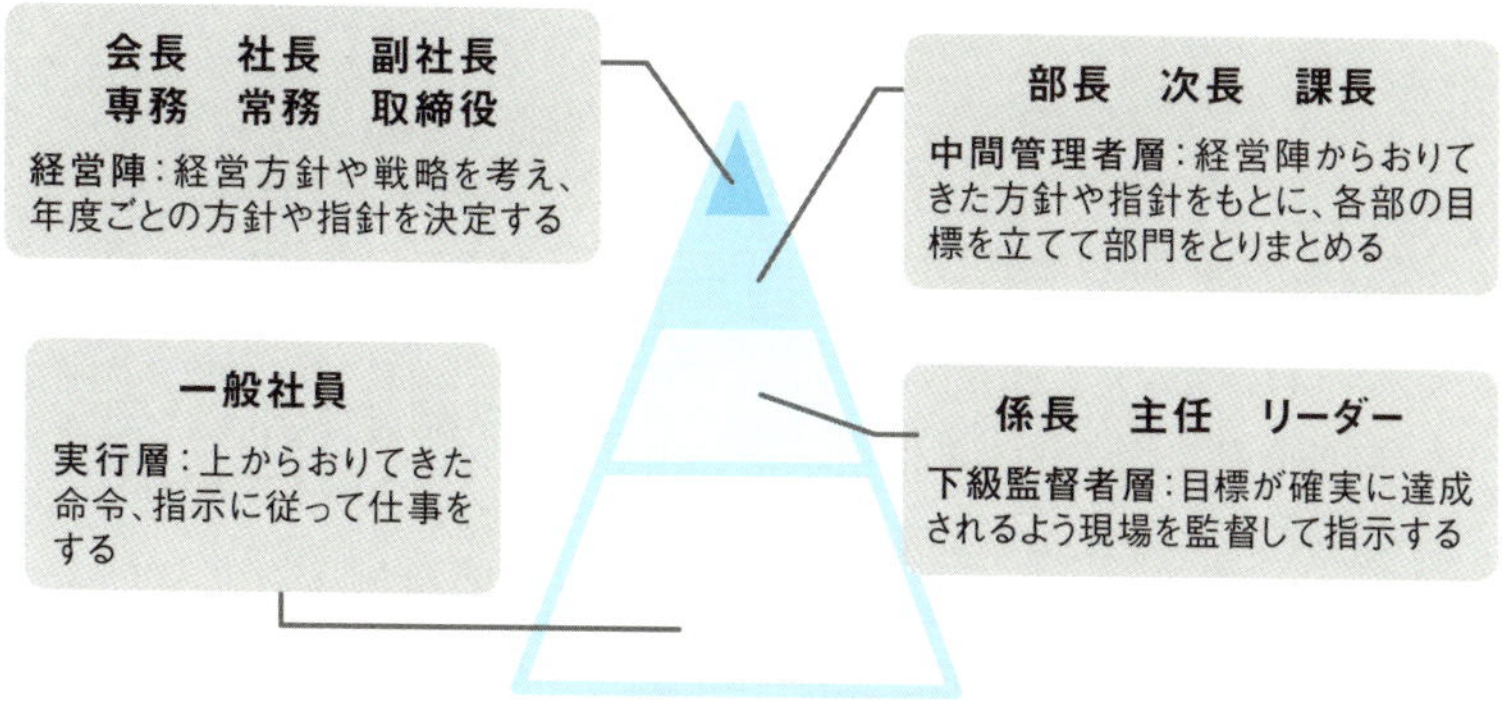
会長　社長　副社長
専務　常務　取締役
経営陣：経営方針や戦略を考え、年度ごとの方針や指針を決定する
部長　次長　課長
中間管理者層：経営陣からおりてきた方針や指針をもとに、各部の目標を立てて部門をとりまとめる
係長　主任　リーダー
下級監督者層：目標が確実に達成されるよう現場を監督して指示する
一般社員
実行層：上からおりてきた命令、指示に従って仕事をする

## 自分の立ち位置を理解しておこう

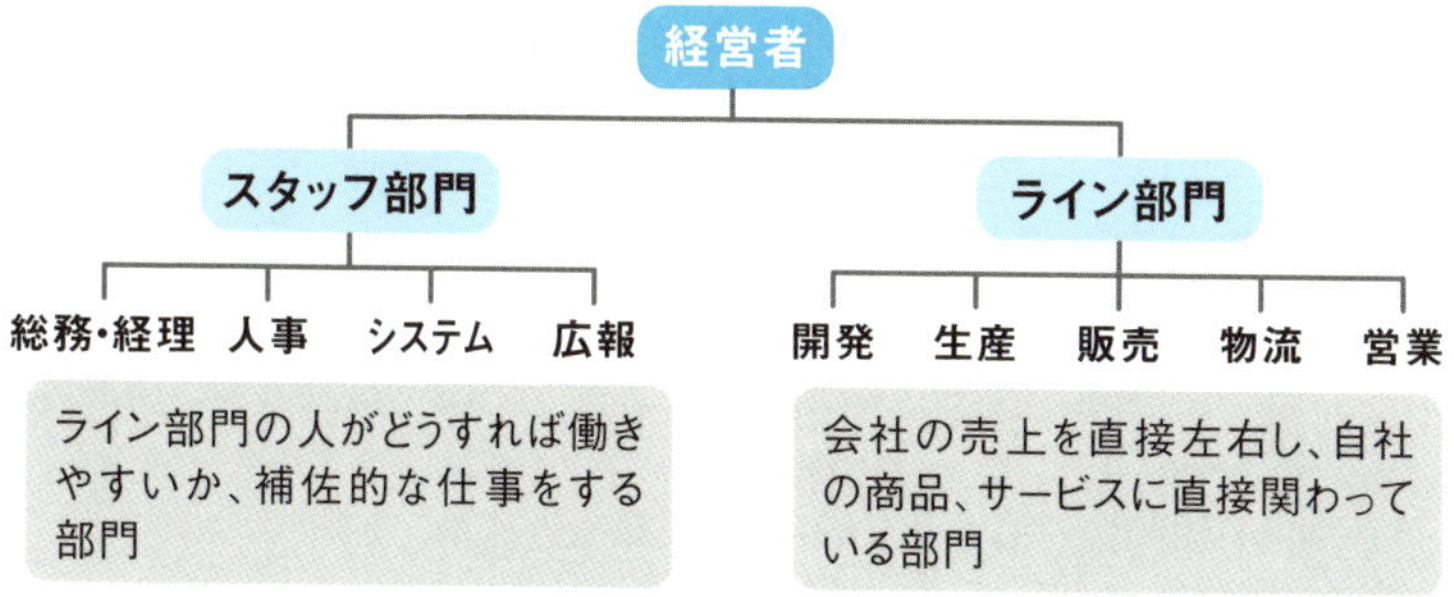
経営者
スタッフ部門
総務・経理　人事　システム　広報
ライン部門の人がどうすれば働きやすいか、補佐的な仕事をする部門
ライン部門
開発　生産　販売　物流　営業
会社の売上を直接左右し、自社の商品、サービスに直接関わっている部門

### 役職名で呼んでおけば問題なし

役職者に対しては、「山田部長」「佐藤課長」と、名前に役職をつけて呼ぶのが一般的です。

ただし役職をつけずに「山田さん」「佐藤さん」と、さんづけで呼ぶ会社も増えています。役職にこだわらないでコミュニケーションをとりやすくしたり、風通しのいい組織風土にしていくのが狙いでもあります。

とはいえ、上下関係をきちんと理解することは大切。その上で、呼び方は会社の慣習に従うようにしましょう。

03

# 仕事を円滑に進めるためにマナーは必要不可欠

point

マナーは心を形にして表すもの
マナーには5つの要素がある
マナーを身につけて、「選ばれる仕事人」になる

## ▼気づかいを形にして仕事に役立てるのがマナー

ビジネスマナーは仕事を円滑に進めるために欠かせないものであり、おもに2つの面で効果を発揮します。

ひとつは人間関係。「きちんと挨拶ができる」「礼儀正しく感じがいい」など、マナーが身についていると、「この人なら安心できる」という信頼感を与え、セルフブランディングにもつながります。

もうひとつは業務サービスにおいてです。電話できちんと受け答えができる、受付で好感が持たれる対応をしているなどの応対品質が、仕事相手やお客様の満足感を高め、個人はもちろん会社全体のイメージを高めることができます。

好感のもたれるマナーを身につけることは、決して難しいことではありません。身だしなみや正しい言葉づかい、立ち居振る舞いなどを意識して行動にうつすだけです。

ただし、このときに大事なのは「気配り」「心配り」といった相手を思いやる心です。形だけでなく、心が伴ってこそ本当の意味でのマナー。どうす

## マナーを形にする5大要素

### 1 身だしなみ

髪型や服装は、どんな年代の人からも安心感と信頼感をもってもらえるように清潔に整える。

### 2 挨拶

「おはようございます」「ありがとうございます」「失礼いたします」「すみません」、これらは挨拶の基本。頭の1文字をとって『オアシス運動』と覚えよう。この4つをきちんと言えるだけでも、職場を心地いいオアシスにできる。

### 3 態度

立ち居振る舞いや姿勢、態度は、目に見える言葉。人はこれらから内面を推察する。誤解されないような振る舞いに気をつけよう。

### 4 言葉づかい

正しい敬語で、その場にふさわしい言い回しができれば、「この人と仕事がしたい」「また会いたい」と思ってもらえる。

### 5 表情

明るい笑顔や視線など、表情で相手への気持ちを表すこともビジネスマナーのひとつ。

あなたの振る舞いを
職場のみんなは
見ています

れば相手が満足してくれるか、何を感じているのか、状況や相手の心情に心を配って、行動にうつすことが大事なポイントです。

「気配り」から「り」をとると「気配」、「心配り」から「り」をとると「心配」ですね。気配を察知して、相手への気づかいを身だしなみ、挨拶、態度、言葉づかいや表情といった形に表して、仕事に役立てていくのがビジネスマナーです。

04

# その場にふさわしい姿が「身だしなみ」

point

髪はすっきり、メイクはナチュラルに
服のシミやシワ、ストッキングの伝線に注意
臭いと爪の汚れにも気を配る

## 自分を職場の雰囲気に合わせよう

身だしなみとは、オシャレをすることではなく、その場にふさわしい姿をすること。周囲を不快にさせないよう、身だしなみに気を配るのが社会人です。ポイントは清潔感と周囲への調和です。

とくに髪型は、印象を大きく左右します。ボサボサの髪や寝癖は、だらしない印象を与えます。髪の長い女性は邪魔にならないようまとめましょう。

女性のメイクはナチュラルが基本です。厚化粧も、逆にスッピンのような手抜きメイクも周囲から浮いてしまいます。健康的で自然なメイクを心がけてください。

マニキュアは淡い色に。派手なジェルネイルは職場によっては不適切です。アクセサリーも職場では清楚で控えめなものにするのが賢明です。

男女ともに洋服のシミやシワがないか、女性はストッキングの伝線にも注意しましょう。

袖口の汚れや伸びた爪も不潔に見えます。手元は案外見られているので、常に清潔にしておくこと。

もうひとつ、気をつけたいのは足の臭い、口臭な

## 健康的なメイクで好感度アップ

**NG**

- 原色を使ったメイク
- ラメやパールを使ったキラキラメイク
- 囲み目メイクや長いつけまつ毛
- テカテカ光りすぎるグロス
- 顔色に合っていないファンデーション
- 不自然な眉

**OK**

- チークは顔色を明るく見せる
- リップはオレンジやピンクなど自然な色合い
- アイメイクは、黒目の上下を強調すると目が大きく見えてすっきりまとまる
- 眉はきれいに整えて描く

どの臭いです。きつい香水もNG。知らない間にイメージを下げないよう、こまめにケアしましょう。

### クールビズでも失礼のない服装で

クールビズの捉え方は業種業態によってさまざまです。ネクタイとジャケットは不要、ただしシャツは襟付きにするなど、職場の規定に従いましょう。

頻繁にお客様に会う営業職や、不動産など高額な商品を扱う仕事、または上位者に会う場合は、カジュアルすぎるのも考えものです。

ネクタイはなくても、ワイシャツ着用で、商談のときはジャケットを着るのが望ましいです。

## 身だしなみチェックポイント①

**頭部・顔**

- □寝癖はないか
- □フケは落ちていないか
- □前髪や襟足が長すぎないか
- □口臭はないか
- □ヒゲの剃り残しはないか
- □鼻毛は伸びていないか

**服装**

- □スーツにシワやシミ、テカリがないか
- □襟や袖口は汚れていないか
- □パンツに折り目は入っているか
- □裾にほつれ、ボタンは取れかけていないか
- □ワイシャツやネクタイは、スーツに合っているか
- □ハンカチは用意したか

**手指**

- □爪が伸びていないか
- □爪が汚れていないか

**足元**

- □靴下は清潔か、臭いはないか
- □靴に汚れはないか、磨いてあるか
- □靴のかかとがすり減っていないか

# 身だしなみチェックポイント②

### 頭部・顔

- □髪型はまとまっているか
- □メイクは濃すぎないか、ノーメイクではないか
- □首と化粧はなじんでいるか
- □香水はきつすぎないか

### 服装

- □襟や袖口は汚れていないか
- □裾にほつれ、ボタンは取れかけていないか
- □襟ぐりは開きすぎていないか
- □アクセサリーは派手すぎないか
- □下着が見えていないか
- □ハンカチは用意したか

### 手指

- □爪を伸ばしすぎていないか
- □マニキュアは派手すぎないか

### 足元

- □ストッキングの伝線はないか
- □ストッキングやタイツの色は、服と合っているか
- □ヒールは高すぎないか（3～7㎝程度まで）
- □靴に汚れはないか、磨いてあるか
- □靴のかかとがすり減っていないか

## 05

# スーツは清潔感と機能性が大事！

point

- 服装で仕事への姿勢と会社の印象が決まる
- 黒よりもネイビーかグレーがおすすめ
- 体形に合ったスーツだと動きやすく疲れにくい

### ▼価格やブランドよりフィット感で選ぶ

スーツは社会人の衣裳。身だしなみは仕事への姿勢を表すので、清潔感ある装いを心がけましょう。

新入社員なら、シンプルでオーソドックスなスーツが好感を持たれます。フィット感が大事なので、試着の際はフロントボタンをひとつ留めます。

見た目の印象を決めるのは肩。肩が落ちたり、窮屈で持ち上がっていないかを確認します。

胸元はこぶしがひとつ入る程度の余裕が必要。ウエストや背中に横ジワが入ると小さすぎで、背中に縦ジワが入ると大きすぎ。腕を上げ下げして無理のないものがジャストサイズです。

着丈はお尻がちょうど隠れるくらいが基本です。

素材は、真夏以外は着られるウールか、ポリエステルとの混紡が伸縮性もあって着やすいです。

色は男性はネイビーかグレー、女性もネイビー、グレー、ベージュなど落ち着いた色を選びましょう。

デザインや見た目のかっこよさよりも、機能性を重視。体に合うものを選ぶと、動きやすくて疲れにくく、型くずれも防げます。

## 体に合うスーツのチェックポイント

| | |
|---|---|
| 色 | ・ネイビーかグレー　・ベーシックな色を |
| 肩幅 | ・肩が落ちていない　・腕周りが窮屈でない |
| 胸囲 | ・ウエストや背中にシワが寄らない<br>・腕を楽に上げ下げできるのがちょうどいいサイズ |
| ウエスト | ・横にシワが入らない<br>・体のラインが強調されるものはNG |
| ジャケット丈 | ・着丈はお尻の曲線がちょうど隠れる長さ、真っすぐ立って、裾が中指の付け根から第二関節にかかるくらい |
| パンツ | ・靴の上で余らない長さに<br>・スリムでくるぶしが出る長さはカジュアルな印象 |
| スカート | ・膝が隠れるくらいの丈 |

### スーツは何着、予算は？

スーツは、1日着たら2日休ませると長持ちするといわれています。できればネイビーとグレーのスーツを2着ずつ、計4着用意しておけば安心です。値段の目安はご祝儀程度といわれます。新人、若手なら3万円を目安に。また、男性の場合は、黒は格上の色になるので避けたほうが無難です。

### シャツは白の無地が基本

清潔感があるシャツは、白の無地。薄い水色などやストライプ柄でもかまいませんが、新人なら白が無難です。襟は「レギュラーカラー」が基本で、襟元は首から「指1本」程度あくサイズを選びましょう。

袖口は、上着の袖から1cmほど見える長さに。袖口からシャツが少し見えるとすっきりして見えます。シャツは汚れやすいので、毎日取り替えて、5、6枚は揃えておくと安心です。

## スーツスタイル①

**▶色**

ネイビー（知的）かグレー（上品）がスタンダード、茶系はカジュアルな印象。

**▶胸元／腹囲**

体のラインに合うものを。

**▶シャツ**

白のレギュラーカラーが無難。外資、海外との取引には、薄いパステルカラーも標準的。襟、袖の汚れには要注意。

**▶ネクタイ**

ストライプや細かいドット柄が万能。

**▶ボタン**

ボタンは2つか3つ、一番下ははずしておく。

**▶靴下**

スーツか靴の色に合わせる。

**▶ジャケット**

シミ、シワ、ボタンのほつれに注意。肩が落ちないようにサイズ感を重視。

**▶ポケット**

フラップ（ふたの部分）は出しておく。中にはできるだけ物は入れない。

**▶ジャケット丈**

真っすぐ立って、丈の裾が中指の付け根から第二関節くらいが基本。

**▶袖口**

1㎝ほどシャツが見えていると清潔感が増す。

**▶ベルト**

スーツか靴の色と合わせる。

**▶パンツ**

シワがないか確認。丈が短いものも人気だがラフな印象に見える。

**ワンポイントアドバイス**

清潔感を保つには日々のケアが大事。スーツを着た後は、軽くブラッシングをして風通しのよい場所に干しておく。このとき、ジャケットは丸みのあるハンガーにかけておくと型くずれが防げる。

## スーツスタイル②

### ▶ジャケット・アウター
機能性重視で、体にソフトに沿うものを。

### ▶色
ネイビー、ベージュ、グレーなどベーシックに。

### ▶ブラウス・インナー
オフホワイト、パールカラーなど白系、淡い色味が基本。胸元が見えないよう襟のあけすぎに注意。

### ▶スカート
ミニ丈、スリットが大きいものは仕事には不向き。サイズがきついと座りジワができる。

### ▶ストッキング
自分の肌色に合うものを選ぶ。

### ▶アクセサリー
控えめなデザインを選んでワンポイントにすると、全体が整う。

**ワンポイントアドバイス**

女性は男性より自由度が高いが、営業職の場合はスーツが基本。原則は、周囲から浮かないよう、派手すぎたり露出の多いものは避けること。服の色味やアクセサリーは、先輩のスタイルを参考にするなど、社内の雰囲気に合わせてコーディネートを。

06

# 足元、小物はスーツに合わせてコーディネート

point

- カバンの色味は靴に合わせると統一感が出る
- 靴は動きやすくてフォーマルなものを選ぶ
- 分相応なシンプルな小物を選ぶ

### ▼分不相応な高級品は印象を悪くする

スーツが決まれば、次は小物選びです。

カバンや財布のほか、ビジネスには名刺入れ、手帳、筆記具などさまざまな小物が必要です。

カバンや時計などは、ブランドや高級品に目がいきがちですが、年齢や立場などに見合ったものを選ぶべき。分不相応な高級品で固めると、余計な妬みを買ってしまいます。

ポイントはトータルのバランスです。スーツはシンプルなのに、小物だけが派手だったり、カジュアルになりすぎないように、トータルでコーディネートしましょう。小物類は吟味して長く使えるものを選ぶのがコツですね。

### ▼靴は黒の革靴が基本

靴は男性ならシンプルなビジネスシューズ、黒かこげ茶の革靴で、つま先に切り替え線の入ったストレートチップが基本。ローファーやつま先のとがった靴は、オシャレには見えても公の場には不向きです。

女性はローヒールの黒革のパンプスで、ヒールは

3〜5㎝のものが疲れにくいです。つま先が見えるものやヒールが高すぎるものは避けましょう。

足元は、案外見られているもの。日々の汚れは、ブラシかやわらかい布でさっと拭き取ります。濡れたら、帰宅後、新聞紙などを丸めて入れて、風通しのいい場所で湿気をとりましょう。1足を履きつぶすより、2〜3足を交代で履くほうが、長持ちして経済的です。

きれいに磨いてあること、かかとがすり減っていないこともポイント。

スニーカーやサンダルも履きたい！そんなときはオフィスにパンプスを用意しておく。

## カバンは収納性、機能性を重視する

カバンは機能性も大事。A4サイズの書類がすっぽり入り、床に置いて立てられるものが使いやすいです。内ポケットや仕切りがついていると中身を整理しやすく、必要なものをすぐに取り出せます。

書類が多くなる人は、ショルダーベルトがついているものが便利です。色味はベルトや靴と合わせると統一感が出ます。

・床に立てられるタイプがおすすめ。
・女性は小物も多くなるので、ポーチを活用して整理を。
・出先で探すのは見苦しいので、交通系ICカードと名刺はすぐ取り出せるよう、入れる場所を決めておく。

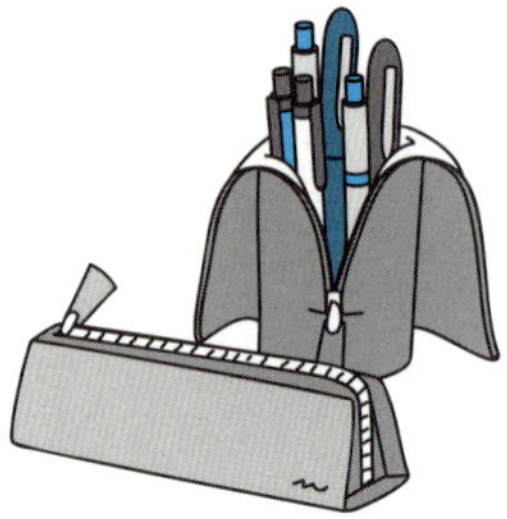

### ▶筆記具

ペンケースはシンプルな革製が上品。ペンは書きやすく愛用できるものを選ぶ。

### ▶手帳

スマホでスケジュール管理をして、手帳を持たない人も多いが、ちょっとしたメモをするためにも持っておきたい。落ち着いた色合いでコンパクトなものを。ふせんをはさんで一緒に持っておくと便利。

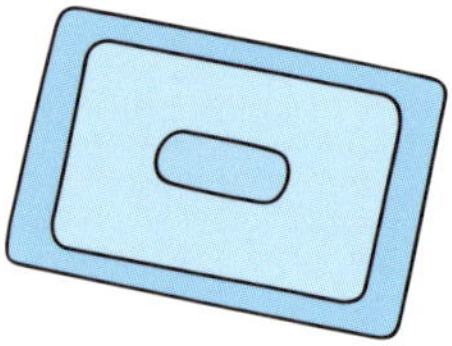

### ▶交通系ICカード・定期入れ

名刺入れや財布と同色の革製にすると統一感が出る。

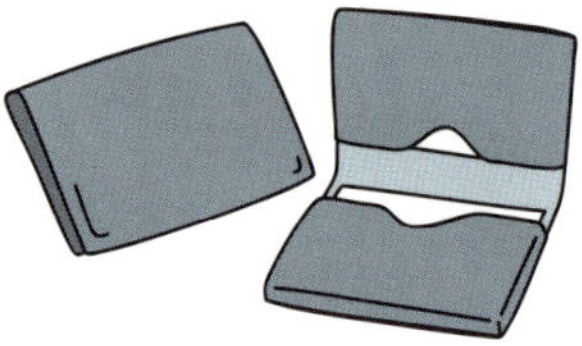

### ▶名刺入れ

2つ折りの革製が基本。ステンレス製は、名刺を重ねたときに滑り落ちやすいので避けたい。

### リュックはOKか？

意見が分かれるものの、商談や営業には基本的には不向き。

持つのであれば、通勤や移動中にはリュックとして背負い、お得意先では手持ちカバンとして活用できる、リュックと手持ちカバンの2つのタイプを使い分けられるビジネスリュックがおすすめ。

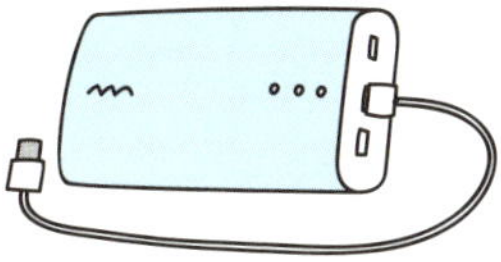

▶ **充電バッテリー**

外出が多い人は、突然の電池切れを防ぐために小型のバッテリーを常備しよう。

▶ **社員証・入館カード**

ケースに入れてホルダーをつけておくと紛失防止に。

▶ **ハンカチとティッシュ**

身だしなみとして持つのが常識。くしゃくしゃのハンカチはマイナス印象に。清潔なものを持とう。

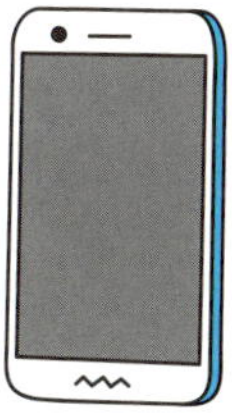

▶ **携帯電話**

仕事のマストアイテム。置き忘れやマナー違反に注意。画面のひび割れはみっともないので、早めに修理を。

▶ **折りたたみ傘**

軽いものをカバンに常備するか、オフィスに置いておく。

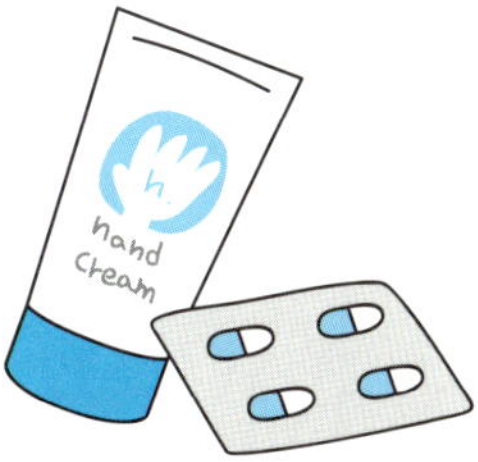


▶ **ハンドクリームや薬など**

小さい物はポーチにまとめてカバンに入れると、探さずにすむ。

07

# 挨拶は常に自分からするよう心がける

point

- 挨拶はコミュニケーションの第一歩と心得る
- 笑顔で声を届けるつもりで
- 個別の挨拶は組織の長から

## 挨拶はすすんで自分から

挨拶は相手の心を開かせるもの、コミュニケーションの第一歩です。快活な挨拶は相手に爽やかな印象と信頼感を与え、「感じがいい人」という人物評価につながります。

周囲になじめないときや職場に重い空気が漂っているときこそ、元気に挨拶を。笑顔で声を出すことで職場の雰囲気は明るくなり、あなた自身も気分が上がってくるはずです。

挨拶は、先手必勝がキーワード。とくに新人は、朝、職場に着いたら、全体に向かって大きな声で挨拶してから、部署の上司、先輩へと順に声をかけていくと、丁寧な印象をもってもらえます。

気をつけたいのは、「ながら挨拶」です。パソコンの画面を見たまま挨拶するのは、とても失礼です。どんなに忙しくても、作業の手を止めて、相手の顔を見て挨拶するようにしましょう。

社員同士がきちんと挨拶を交わしている会社は、社外の人にも好印象を与え、雰囲気のいい会社だというイメージアップにつながります。

## 基本の挨拶

**朝の出社時**　おはようございます

▶自分より遅く出社した人にも自分から先に声がけを。

**外出するとき**　行ってまいります

▶周囲の人に不在にすることを知らせる。

出かける人には　行ってらっしゃい

**外出から戻ったとき**　ただいま戻りました

▶帰ってきたことを周囲に知らせる。

戻った人には　おかえりなさい／お疲れさまです

**帰社時**　お先に失礼します

▶「お先です」「お疲れ」などと省略しない。

**用を頼まれたとき**　かしこまりました

**用を頼むとき**　お手数ですが、よろしくお願いします

**声をかけるとき**　失礼します／お忙しいときにすみません

08

# 相手を見て、背筋を伸ばしてお辞儀をする

point

- 美しい立ち姿は人となりを表す
- 状況によって3種類の礼を使い分ける
- 笑顔がないと、せっかくの礼も冷たい印象になる

## ▼歩きながらのお辞儀は失礼

お辞儀は日本独特の挨拶の仕方です。礼は世界に通じる挨拶ですが、日本の伝統的な「礼」は、角度によって丁寧さが伝わるという点で、ほかの国にはない挨拶といえます。

お辞儀の練習の前に、まず鏡の前で自分の立ち姿をチェックしてみましょう。真っすぐ立つのは簡単なようでいて案外難しいもの。実際は左右のバランスがどちらかに偏っていたり、背中が丸まってしまいがちです。

日頃から背筋をピンと伸ばして立ち、信頼感をもってもらえるような美しいお辞儀を心がけましょう。

また、すれ違いざまにお辞儀するときは、きちんと立ち止まって行いましょう。目上の人やお客様に対して、歩きながらお辞儀するのは大変に失礼です。首だけ下げたり、ペコペコ頭を下げるお辞儀は、もってのほかです。相手にぞんざいな印象を与えてしまいます。深く、ゆっくりお辞儀するほうが落ち着いた丁寧な印象を与えて、気持ちが伝わります。

## 3種類のお辞儀を使い分ける

### 会釈（軽いお辞儀）

人とすれ違うときや近くを通るとき。

角度は15度。

### 中礼（一般的なお辞儀）

日常の挨拶やお客様のお出迎えやお見送りのとき。

角度は30度。

### 最敬礼（最も丁寧なお辞儀）

お礼やお詫びのとき。

角度は45度、腰を曲げて2秒ほど止まり、体を起こす。お詫びのときは、笑顔は控える。

09

# 「失礼します」とひと言かけて通るだけで好感度アップ

point

- 「見られている」という意識を持つ
- 美しい動作とは、思いやりのある動作
- 美しい動きは疲労を軽減、効率も上がる

### ▼思いやりある動作は職場の雰囲気をよくする

オフィスは協働作業の場所、何気ない仕草も案外、周りから見られています。

椅子にふんぞり返って座ったり、作業中に話しかけられて手を止めずに返事をしていませんか？ペンを回していたり髪をいじる、ため息や舌打ち、激しく音を立ててキーボードを叩くなど、無意識の動作が周囲を不快にしてしまうことがあります。

新しい環境で人柄がよく知られていない場合は、動作や雰囲気で人となりも判断されがちです。「あんながさつな態度で、彼（彼女）は大丈夫なの？」と思われないように、美しい動作を心がけましょう。美しい動作とは、周囲に心配りをした動きです。また、背筋を伸ばして姿勢よく座っている人は、それだけで信頼感を与えます。

人の前を通るときは、「失礼します」とひと言声をかける、声をかけられたら手を止めて対応する、書類は両手で受け渡しするなど、相手に配慮した動きを心がければ、好感度もアップし、職場の雰囲気もよくなります。

## ついやってしまいがちな行動をチェック

仕草や動作の癖は、
緊張感がゆるむと知らず知らずのうちに出てくるもの。
無意識のうちに周囲に不快感を与えていないか、
自分の動作をチェックしよう。

- □ ふんぞり返って座る
- □ 電話しながらペンを回す
- □ 考えごとをしながら髪をいじる
- □ 大きなあくびをする
- □ 頬づえをつく
- □ 大きな音を立てながらキーボードを打つ
- □ ペンをカチカチと鳴らす
- □ 大きすぎる貧乏ゆすり
- □ ぶつぶつ周りに聞こえる声で独り言を言う
- □ ため息をついたり、眉間にシワをよせるなど不快な感情をすぐ顔に出す
- □ 人を指差す
- □ 人の話を首をかしげて聞く
- □ 受け取るときも、手渡すときも、片手で持ったり渡したりする

# 10 敬語が人間関係を円滑にする

**point**

- 敬語の基本は尊敬語、謙譲語、丁寧語の3種類
- 敬語の原則は「身内は立てずに外を立てる」
- よく使う言葉と基礎パターンを覚えておく

## ▼相手を高める尊敬語、自分を低くするのが謙譲語

敬語は互いの立場を明らかにし、人間関係を円滑にするコミュニケーションツールです。

「尊敬語」「謙譲語」「丁寧語」の3種類があり、「尊敬語」は、相手を高める表現です。「お帰りになる」「ご契約される」など、頭に「お」や「ご」をつけ、「～になる」「～される」の形で敬意を表します。「召し上がる」などの言い換え表現もあります。

「謙譲語」は、自分がへりくだって、間接的に相手を高める言い方です。「お伝えする」「お会いする」などのように、頭に「お」や「ご」をつけ、「～する」の形で締めるほか、「申し上げる」「伺う」などの言い換え表現もよく使われます。

「丁寧語」は「です」「ます」「ございます」などをつけ、丁寧に表現して敬意を表す言い方です。

これらのほかに、頭に「お」や「ご」をつける「美化語」と呼ばれる言い方もあります。「お飲み物」「おはし」「ご利用」といった美しい表現です。

敬語は苦手な人も多いようですが、意識して使うことで、だんだん慣れていくものです。

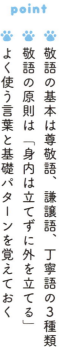

## これだけは覚えたい！ よく使う敬語

| 基本 | 尊敬語 | 謙譲語 | 丁寧語 |
|---|---|---|---|
| する／行う | される<br>なさる | させていただく<br>いたします | します |
| いる | いらっしゃる | おる<br>おります | います |
| 言う | おっしゃる<br>言われる | 申す<br>申し上げる | 言います |
| 聞く | 聞かれる<br>お聞きになる<br>お尋ねになる | 伺う<br>拝聴する<br>お尋ねする | 聞きます |
| 見る | ご覧になる<br>見られる | 拝見する | 見ます |
| 見せる | お見せになる | お目にかける<br>ご覧にいれる | 見せます |
| 行く | いらっしゃる<br>行かれる<br>おいでになる | 伺う<br>参る | 行きます |
| 来る | いらっしゃる<br>おいでになる<br>お見えになる<br>お越しになる | 伺う<br>参る | 来ます |
| 会う | お会いになる | お目にかかる<br>お会いする | 会います |
| 知る | ご存じ<br>お知りになる | 存じ上げる | 知っています |
| 帰る | お帰りになる | 失礼する<br>おいとまする | 帰ります |
| 受ける | お受けになる | 拝受する<br>お受けする<br>いただく | 受けます<br>もらいます |
| 教える | お教えになる<br>ご指導される | お教えする<br>ご案内する | 教えます |
| 読む | お読みになる | 拝読する<br>お読みする | 読みます |
| 借りる | お借りになる | 拝借する<br>お借りする | 借ります |
| 食べる | 召し上がる<br>お食べになる | 頂戴する<br>いただく | 食べます |
| 与える | くださる<br>賜る | 差し上げる | あげます |
| もらう | お受け取りになる | いただく<br>頂戴する | もらいます |

## 敬語には「型」＝「基本パターン」がある

### 謙譲語

「謙譲語」は、自分の動作や状態をへりくだることで、相手に敬意を表します。

①「お（ご）〜にする」型
例：「ご案内いたします」

②「お（ご）〜にいただく」型
例：「お電話（させて）いただきました」

③「お（ご）〜願う」型
例：「お渡し願います」

④「お（ご）〜申し上げる」型
例：「ご案内申し上げます」

### 尊敬語

「尊敬語」は、相手の動作や状態を高めることで敬意を表します。

①「〜れる」「〜られる」型
例：「話される」「買われる」

②「お（ご）〜になる」型
例：「お帰りになる」
「お持ちになる」

③「お（ご）〜くださる」型
例：「お話しくださった件について」

④「お（ご）〜なさる」型
例：「詳しくご説明なさいました」

## 「内」か「外」かで使い分ける

難しいのは、尊敬語と謙譲語の使い分けです。敬語は「内」のことは立てずに、「外」のことを立てるのが原則。誰が尊敬する対象で立てるべきなのか、「内」（社内）と「外」（社外）を意識して使い分けましょう。

**社内、身内だけの場合**

▶上司、先輩、年上には尊敬語を使う。

**社内と社外の人がいる場合**

▶社外の人に尊敬語を使う。社外の人の前で、社内の人のことを話す場合は謙譲語で表現する。上司の名前は呼び捨てでOK。

例：「上司の○○が参ります」

**身内や上司の家族がいる場合**

▶自分の家族のことは謙譲語を使って話す。上司の家族に、上司のことを話す場合は尊敬語を使う。

例：「山田部長は〜とおっしゃっていました」

## 覚えておこう！ 丁寧な言葉への言い換え

| | |
|---|---|
| 今 | ただ今 |
| さっき | 先ほど |
| あとで | 後ほど |
| 少し | 少々 |
| ないです | 切らしております |
| そうです | さようでございます |
| 知りません | 存じません／存じ上げません |
| その通りです | ごもっともです／おっしゃる通りです |
| 言っておきます | 申し伝えます |

## 覚えておこう！ 自分側と相手側への使い分け

| | 自分側 | 相手側 |
|---|---|---|
| 呼称 | わたくし | お客様 |
| | わたくしども | ○○様 |
| 会社 | 弊社・当社・小社 | 御社・貴社 |
| 受領 | 受領・拝受 | ご笑納・お納め |
| 考え | 考え・私見 | ご意見・お考え・ご意向 |
| 配慮 | 配慮・留意 | ご配慮・ご尽力 |
| 自宅 | 拙宅 | お住まい |
| 夫 | 夫・主人 | ご主人・だんな様 |
| 妻 | 妻・家内 | 奥様 |
| 贈り物 | 粗品・寸志 | お品物・ご厚志 |

# 11 社会人に遅刻は厳禁

point

- 遅刻は厳禁、信頼を失う
- 遅延を想定しつつ出勤しよう
- 5分前着席が仕事に余裕を生む

## 始業時間は仕事の開始時間のこと

新入社員は遅刻厳禁、最初は「当たり前のことをきちんとやれる」ことが大事です。始業と同時に滑り込み出社する新人は、やる気なし、とみなされても仕方ありません。

ある新聞の『新入社員が会社で驚いたこと』アンケートで、「台風のときでも、職場の人たちは定時に出社していた」という回答があり、逆にこちらが驚きました。突発的な災害や事故による電車の遅れは別として、台風などの天候不良のときは、多少の遅延はある程度想定して家を出るべきです。

始業時間とは、仕事を始める時間のことです。遅延や準備に備えて、始業の15分前には出社するようにすると、気持ちにも余裕ができます。

## 飲み会の翌日ほどいつもより早めに出社を

取引先との付き合いで、あるいは上司や先輩に誘われて飲んだ翌日ほど、頑張っていつもより少し早起きして出社するようにしましょう。

## 始業前にこれだけ準備しておこう

### 自分の準備

- □ デスクの整頓
- □ パソコンの立ち上げ
- □ 今日の予定の確認

### 共有部の整頓

- □ お茶出しの準備
- □ 消耗品のチェック
- □ 観葉植物の世話
- □ ホワイトボードの掃除など

### ▼アバウトな時間管理が落とし穴

9時50分に訪問先の受付前で上司と待ち合わせして、10時に訪問先に入る場合、あなたはどの電車を利用しますか？（訪問先は駅直結のビル）

①駅に9時47分着
②駅に9時40分着
③駅に9時30分着

遅刻常習犯のギリギリ駆け込みタイプは①を選びがち。時間管理が甘いです。

②は10分の余裕がありますが、交通機関では1週間のうち通勤時間帯の遅れが平均5～7分という路線もあるので、余裕があるとはいえません。

③は早すぎると思うかもしれませんが、大事な商談ならこのくらいの余裕は持ちたいもの。時間の準備が心の準備につながります。

12

# 遅刻、早退、直行・直帰はすぐに正直に連絡する

point

- 早退、直行・直帰は上司の許可を得る
- どのくらい遅れるか、目安の時間を伝える
- 遅刻の際は、朝一番の仕事について必ず相談、引き継ぎをする

## ▼遅刻・欠勤は始業前までに連絡する

時間管理、健康管理、自己管理は社会人の常識ですが、交通事情や体調などやむを得ない事情もあります。遅刻したり、欠勤、早退するときは、必ず速やかに連絡しましょう。

どんな理由があっても、始業10分前には連絡を。メールか電話かは会社のルールに従います。電車遅延の場合は、電車を降りた時点ですぐに会社に連絡を。必要なら駅で遅延証明書をもらいます。朝寝坊したら、余計な言い訳はせず、素直に謝罪します。遅刻は、必ずどのくらい遅れるかを伝えること。アポが入っているなら、必ず上司に相談して、フォローをお願いするか、先輩や同僚に引き継ぎのお願いをします。出社したらすぐ、「ありがとうございました」と、お礼を言うことも大事です。

早退には、上司の許可が必要です。残した仕事をどうするかも含めて、進行中の仕事に支障が出ないように相談しましょう。

直行・直帰の場合も、必ず連絡と許可を得ること。職場の予定表に書き込み、関係する周りの人に

## 好印象な終業時のマナー

**終業30分前**
仕事の見直し、日報や報告書の作成。忙しそうな人には、「お手伝いできることはありますか?」と声をかける。

**15分前**
やり残したこと、明日やることをリストアップ。

**5分前**
デスクの整理
使った書類などを定位置に戻す。
「失礼します。本日の業務が終わりました」と、上司に業務報告。ゴミを捨てる。

**退社時**
「お先に失礼します」と挨拶してから退社。

---

ひと声かけます。

通常の退社も、勝手に黙って帰るのではなく、〈仕事の進行状況を上司に報告➡デスクを片づける➡周囲に「退社します」と声をかける〉という3つのステップで退社しましょう。

### ▼残業するときは許可を得る

仕事が終わらない場合は、終業時間前に時間の目安とともに上司に相談、許可を得てから残業します。

### ▼外出、離席も声がけを!

外出する際は、行き先と帰社時間を把握できるよう予定表に書き込み、「行ってまいります」と声をかけてから出かけましょう。デスクから一時的に離れるときも「○○部へ行ってきます」「すぐ戻ります」などと声がけしておくと、電話がかかってきたときなどに、周囲の人はフォローしやすくなります。

13

# 欠勤や有給休暇の届け出は早め早めが原則

point

- 届け出ることは義務
- 欠勤なら欠勤明け出社後、すぐに届け出る
- 有給休暇は仕事と周囲に配慮する

## 欠勤や休暇は必ず届け出る

欠勤する場合は、会社のルールに従って必ず届けを出しましょう。欠勤は体調を崩した、風邪をひいたなど、やむを得ない場合が多いので、事後に届け出るケースが大半です。書面、あるいは社内メールなど、提出の形式は会社によってさまざまですが、いずれも出社したらすぐに届け出るのが原則です。

有給休暇や代休（休日に勤務した場合の代わりの休日）をとるときも届け出が必要です。休暇をとる場合は、早め早めに上司に届け出て許可を得ること。

## 休暇の制度を知っていますか？

有給休暇や産前・産後休暇などは法律で定められていますが、育児休暇や介護休暇、慶弔休暇などの制度は会社によって異なります。自分はどんな休暇制度を利用できるのか、就業規則を見て把握しておきましょう。

## 有給休暇は好きなときに必ずとれるか？

有給取得は法律で定められているとはいえ、低姿勢で申請するのが好ましいです。「休みます」では

なく、「休暇をいただきたいのですが、よろしいでしょうか?」と上司に願い出ましょう。

理由を聞かれたら、嘘はつかないこと。私用がある、リフレッシュしたいという理由でもかまいません。

しかし会社には「時期変更権」という権利があり、多忙な時期など事業の正常な運営を妨げる場合は、有休などの取得時期について社員に変更を求めることができます。

組織の一員として会社の状況を判断し、同僚への配慮をすることが、社会人としての常識。繁忙期や重要なプロジェクトに関わっている最中に、長期の休暇をとると仕事に支障をきたすだけでなく、周囲に迷惑をかけることになります。

仕事の状況を見て、取得時期を上司に相談してから申請しましょう。

# 14 常識として知っておきたい「コンプライアンス」と「CSR」

point

- コンプライアンスは守らないと罰則を受ける
- 社会的評価につながるのがCSR
- 会社の利益を守る守秘義務もある

## ▼社会的責任を果たすために知っておきたいこと

社会的な不祥事が取り沙汰されると、よく耳にするコンプライアンスとCSR。

コンプライアンスとは「法令遵守」と訳されますが、法律や協定を守るという意味ではありません。社会的な良識をきちんと理解した上で遵守し、企業全体で意思統一をはかるためのものです。

企業のなかで一個人が規律に反した行動をとると、企業全体の責任が問われます。企業のイメージをダウンさせないためにも、社会的責任とはどういうことか、会社のコンプライアンスにきちんと目を通しておきましょう。

また、コンプライアンスよりも、広い意味で社会に貢献するための考え方を表すのがCSRです。社会の一員である以上、法律はもちろん社会のルールを守るのは当然のこと。企業は事業活動を行うだけでなく、地球環境への配慮、地域社会との共存貢献などの責任があります。

地域にどう貢献するか、環境問題にいかに取り組むか、これらは企業の品質管理や組織力の向上、経

## CSRとして企業が取り組むべきこと

- 職場環境の改善、健康管理への補助など働いている人が安心して、安全に働けるようにすること。
- 安心安全な製品やサービスを提供すること。
- 企業のある地域の人々に迷惑をかけないこと。
- 地域の環境がよくなるように努めること。
- 自然環境にダメージを与えないよう努めること。

## 組織の一員として個人が心がけるべきこと

- 環境に配慮する
  ➡ゴミを減らす、節電など省エネを心がける。
- お客様に対して責任を持つ
  ➡コスト削減、情報の管理など。
- 社会に対して責任ある行動
  ➡社会規範を守る、SNSで誹謗中傷をしない、ボランティアなど地域社会へ積極的に参加するなど。

営の効率化につながるだけでなく、企業姿勢をアピールするものでもあります。

仕事を通して、また社会の一員として、いかに社会に貢献できるのか、自分の成長だけでなく、広い意味で社会性を考えられるビジネスマンになるよう心がけましょう。

### ▼外でぺらぺら仕事の話をしない

会社の利益や個人を守るためにあるのが、守秘義務です。プライベートで仕事の話をするときもありますが、進行中の案件やお客様の情報などは、外で大声で話さないよう注意が必要です。

また、「Aさんが異動になるらしい」「CさんとKさんが付き合っている」……こうした社内の噂話も守るべき個人情報。知っているからといって、気軽に話すのはマナー違反。業務にも支障をきたすので、事情通の人ほど口を慎むようにしましょう。

# Part 2

# ビジネス・コミュニケーションの基本

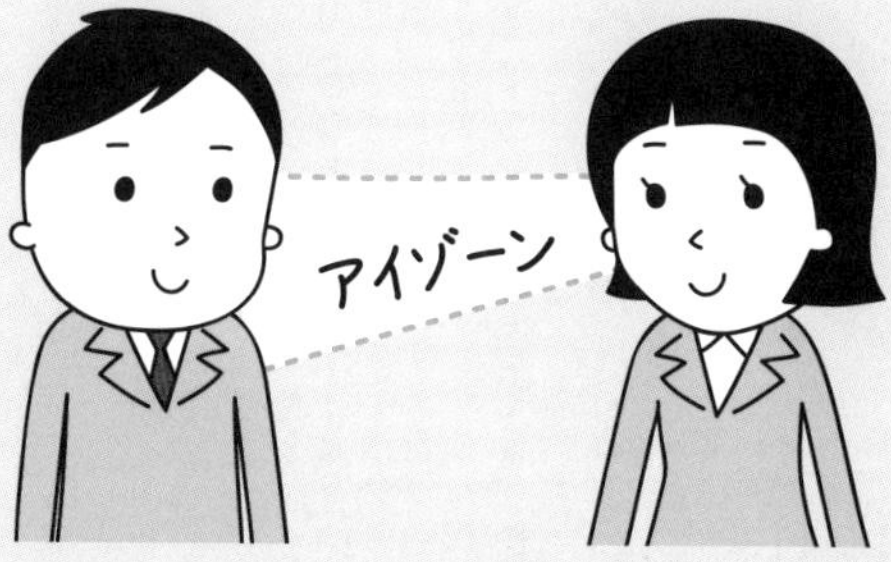

## 01 仕事ができる人はコミュニケーションがうまい

**point**

- 人間関係をうまくつくるにはコミュニケーションが必須
- 「～のつもり」がコミュニケーション不足を生む
- コミュニケーションには聞く態度、共感が欠かせない

### ▼まずは人の好き嫌いを出さない

社会人になると、自分の好き嫌いとは関係なく、いろんなタイプの人と付き合っていかなくてはいけません。

自分の強い思い込みや、好き嫌いの感情を出すと、コミュニケーションは往々にしてうまくいかなくなるものです。

人付き合いが苦手という人も多いですが、人間関係がつくれない原因の多くは、コミュニケーション不足です。「わかったつもり」「伝えたつもり」「聞いたつもり」という「～のつもり」は、お互いの理解を邪魔してしまいます。

相づちをうつ、言われたことを復唱する、共感を示すなど、相手に積極的に向き合っているという姿勢を表しましょう。

「あなたの話をきちんと聞いています」と、自分から積極的にアピールすること。自分から歩み寄ることで相手も心を開いてくれるようになって、お互いの距離がぐっと縮まります。

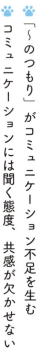

## 無意識にやっているNGマナー

### 1 話し方や表現方法が悪い

わかっている、できていると過信せず、言いたいことを整理して、わかりやすく伝える努力をする。

### 2 固定観念や先入観で話してしまう

固定観念があると話す内容が偏ることに。
事実を正確に話そう。

### 3 相手も自分と同じことに関心があると思い込む

「ご存じの通り」などと、相手も同じことに関心がある、知っているという思い込みは、説明不足を生む原因に。

### 4 知らないうちに好き嫌いの感情が出る

個人的な感情が入り込むと、無意識に態度や話し方に出てしまう。誰に対しても同じ態度で接すること。

### 5 相手を外見や態度で判断する

相手の態度や外見にとらわれず、話の内容に耳を傾け、要点を客観的に受け取るようにしよう。

## 02 相手が興味をもって集中して聞いてくれる話し方

point
- 誰に何を話すのかを明確にする
- 「伝えたいのは……」とまず全体を伝える
- 数字化して、結論先出しで理由を述べていく

### 漠然と話してもビジネスでは伝わらない

社内で、また取引先と話すときに大事なのは、誰に、何を話すのかを明確にすることです。話しかけるときは、まず「山田課長」と声がけして、「○○社の件ですが」と内容を示してから話し出すといいでしょう。みんな忙しくしている職場では、漠然と話しても伝わらないと心得てください。

仕事に慣れるまでは、話す前に内容を整理しておくといいでしょう。相手の立場や話のポイントなど、書き出しておけば落ち着いて話せます。

相手に「聞きたい！」と思ってもらうことも大切です。利益のことなら「売上アップについて考えたのですが」、コスト関連なら「経費削減で方法を思いつきました」と、相手が関心を示すテーマを話のつかみにして、言葉や表現も吟味します。

会議やプレゼンなどでは、うまく話そうとするとかえって緊張するので、整理したメモに沿って練習を重ねましょう。

### 「感じのいい人」はわかりやすく話す

## 相手が関心をもつ話し方のポイント

- □ 話す内容が明確
- □ 相手の態度、表情、反応を見ている
- □ 敬語など相手に応じた表現ができる
- □ あいまいな言葉遣いや表現がない
- □ 声の大きさ、スピードが適当で、表情豊かに話す

早口でまくし立てるように話したり、聞き手の反応を無視したような思いやりのない話し方は、人を不快にします。

逆に感じのいい話し手は、わかりやすく、丁寧で、相手に対して誠意が感じられる人です。後から紹介する表情や声のトーンも重要です。

### 1字違いで大違い

1字違うだけで、言葉の印象は大きく変わってきます。たとえば、

「あなたでいいです」↓「あなたがいいです」

「今日の発表はよかったです」↓「今日の発表もよかったです」

「で」を「が」に、「は」を「も」に変えるだけで、一気に印象がよくなりますね。

1文字が与える印象を考えて、マイナスイメージをプラスに変える言い方を心がけましょう。

## 内容を組み立ててから話す

言いたいことを正しく理解してもらうには、相手がわかりやすいように話を組み立てることが重要です。

それには、次の2つの話法がおすすめです。

1つめは「ホールパート話法」。ホール（Whole）とは全体、パート（Part）とは各部分の詳細です。「伝えたいのは○○についてです」と、最初に全体を話してから、次に各部分を具体的に説明します。最後にもう一度全体を要約して結論を伝えると、うまく整理され、相手も理解しやすくなります。

2つめはプレップ話法（PREP話法）という「結論先出し法」です。まずは結論（Point）から切り出し、「なぜなら～」と理由（Reason）を話し、その具体例（Example）をあげてから、結論（Point）で締めくくります。相手が段階的に理解できます。

どちらの話法も、自分の考えを整理して、効果的に組み立てる必要があります。慣れるまでは、組み立ててから話すようにしましょう。

また、何分で話すのか、時間を意識すると、伝えきれなかったという事態も避けられます。

### 話が伝わるために心がけること

①ひとつの文は短く、60文字程度で

②「つまり」「そして」など、接続詞を効果的に使う

③5W2Hを押さえて話す

- Why なぜ（目的や意義）
- What 何を（テーマや内容）
- When いつ（時期や期限）
- Who 誰が（主体者）
- Where どこ（場所や分野）
- How どのように（方法や進め方）
- How much(many) どのくらい（費用や数量）

④数字を使って話す

⑤最初に結論を言う

先週の会議についての報告ですが、

⑥丁寧な言葉づかいを心がける

## 2つの話し方をマスターしておこう

### 全体を話してから部分を話すホールパート話法

最初に「メリットが3点あります」と、ポイントを数字で話し、
1点めは～、2点めは～と、数字を使って補足していくと、よりわかりやすい。

導入 → Whole 全体
伝えたいことが3つあります。
1点めは～です。2点めは～です。
3点めは～です。

本論 → Part 詳細説明
1点めの理由ですが～。
2点めについて詳しく言うと～。
3点めを具体的に話しますと～。

結論 → Whole 要約
この3点が～で
お伝えしたいことです。

### 結論から先に話すプレップ話法

Point 結論
～について重要なのは～です。

Reason 理由
なぜなら～だからです。

Example 具体例
具体的に言うと～です。

Point 結論
ということで～を進めたほうが
いいと思います。

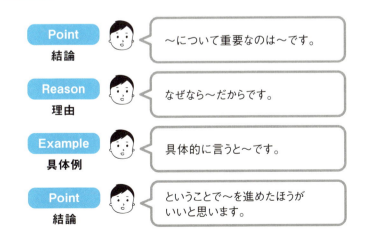

03

# 相手に正しく伝わる話し方

**point**

- 「ソ」の音で、表情筋を動かし母音をはっきり
- 抑揚をつけて、間も大切に
- 大事なことはゆっくり話す

## ▼1分間に400文字程度が目安

なぜかうまく伝わらない、勘違いされやすいという人は、表現力が不足しているのかもしれません。話は、聞き手の頭と心に訴えていくもの。話し方に抑揚をつけたり、態度で示すことも大事です。演技力のような大層なものではありません。コツさえつかめば、誰でも表現力豊かに話せるようになります。

まずは姿勢。背筋を伸ばすと声が出しやすくなります。暗い声でぼそぼそ話すとやる気が伝わらないので、明るい声で、口を大きめに動かし、ハキハキ話すように心がけます。

耳に心地よいといわれるのは、ドレミファソの「ソ」の音、また、母音のアイウエオをはっきり発音するようにすると滑舌よく聞こえます。

話す早さは1分間に400文字程度を目安に。早く話すところ、ゆっくり話すところと変化をつけるのも大事です。強調したい大事な点はゆっくりと間をとって、聞いてもらいたいポイントを明確に示しましょう。

## 声の印象をつくる6つのポイント

### ① 目を見て話す

目を見て話すのは、
コミュニケーションの基本。

### ② 基本は「ソ」の音程

挨拶やお礼、電話の第一声は高めの声で、商談やお詫びは低めの声で。

### ③ スピードに変化を

早く話すところと、ゆっくり話すところの変化をつける。
早口➡シャープな印象に。滑舌が悪いと聞き取りにくくなる。
ゆっくり➡丁寧で落ち着いた印象。間のびするほどゆっくりだと聞き手が飽きる。

### ④ 抑揚をつける

言葉で感情や気持ちを表現するように、驚き、うれしさ(笑顔)、自信、申し訳ない思いなど表情を使って抑揚をつける。

### ⑤ 大事な点を強調

強調したい点は強く、ゆっくり。
繰り返しも効果的。

### ⑥ 間をとる

- 文の意味のかたまり、文節で区切る。
- 強調したい点、覚えてもらいたい点で区切る。
- 聞き手の注意を引く、話を整理してもらうために少し沈黙するなど、心理的効果を考える。

04

# 「聴いていますよ」サインを出しながら聞く

point

- 「聞く」「訊く」「聴く」はそれぞれ意味が違う
- 相づちはメッセージ、出せば相手も話しやすくなる
- 「無意識の無視」には要注意

## ▼相手の「アイゾーン」に視線を置く

「聞く」は耳に入ること。「訊く」は必要なことを問う、尋ねること。そして「聴く」は、意志と注意をもって相手の発言を聴き、心情も汲み取ることです。このうち大切なのは「聴く」ことです。

話を聞くときは、「聴いていますよ」と、前向きな姿勢を態度で示しましょう。

具体的には、要点をメモしながら、話の腰を折らずにいったん最後まで聞きます。そのとき、視線も重要です。会話中は、相手の眉間から首のすぐ下

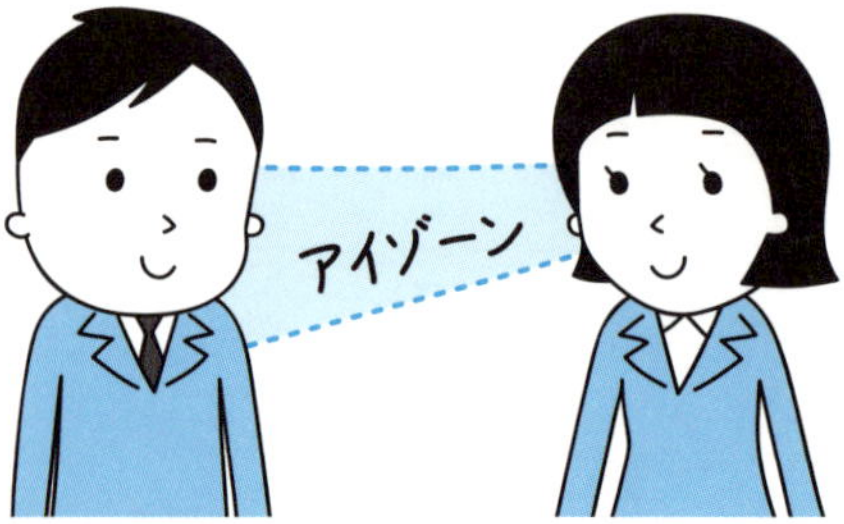

（ネクタイの結び目あたり）までの「アイゾーン」に視線を置きましょう。

目を合わせすぎると、威圧感を与えてしまうこともあるので要注意。目を合わすのは相づちのときだけでかまいません。

ときどきは鼻を見て視線を動かしましょう。鼻のあたりでも、相手は目線が合っているように思います。目を見るときは、片目でＯＫ。無理に両目を追うと、黒目がキョロキョロと動いてしまうので、挙動不審な印象を与えてしまいます。

### 相づちは肯定のサイン

また、「相づち」も重要なポイントです。相づちは肯定のサインであり、話し手の心を開かせ、興味があることを伝えるためのシグナルです。単にうなずくだけでなく、言葉を添えると効果的です。

ただし、「なるほど」の連発では、聞き流しているという印象を与えてしまうことも。「そうですか」「ごもっともですね」など、日頃から相づちを意識して、話の流れに沿って使える言葉のバリエーションを増やしておくといいでしょう。

65ページに相づちリストをまとめました。参考にしてください。

### 「無意識の無視」が一番怖い！

悪気がなくても相手の話をおろそかに聞いてしまっていることを「無意識の無視」といいます。「無意識の無視」は相手の話したい気持ちを抑え込んでしまいます。

話しかけられたとき、次のページのような態度をとっていないか、チェックしてみましょう。

## 無意識に無視していませんか？

**NG**

- □ 話し手のアイゾーンを見ない
- □ 話し手を睨むような目つき
- □ 首を回して話に集中していない様子
- □ 手を止めず作業をしながらの「ながら聞き」
- □ 腕組み・脚組み
- □ ため息をつく
- □ 話し手の前に仁王立ち

## 「聴いている」と相手に伝える感じのいい聞き方

- 要点をメモしながら聞く
- 話し手の話の腰を折らない
- 目を見て話を聞く
- 相づちをうつ
- 相手の言葉を繰り返す
- 言葉だけでなく、気持ちでも聞こうと努めている
- 笑顔になったり、真顔になったり、表情豊かに聞く

# 話し手の心を開かせる相づち

## 話を整理する相づち

「つまり○○という
ことですね」

「おっしゃりたいのは
こういうことですね」

「こんなふうに考えても
よいわけですね」

## 発言を促す相づち

「～というふうに
考えてよいですか？」

「それからどうしたら
よいでしょうか？」

「○○さんの場合は
どうされたのですか？」

## 同意を促す相づち

「なるほど」

「たしかにそうですね」

「そうですか」

「ごもっともです」

「わかります」

「その通りですよね」

## 相づちにかわるしぐさ

- うなずく
- 首をかしげてみる
- 顔の表情で示す
- 手で示す

## 「聴いていますよ！」と聞き手の意志を伝える相づち

「はい」

「そうですか」

「それで？」

05

# 聞いた内容を繰り返して、聞き間違いをなくす

point

繰り返して確認すれば大事な点がわかる
疑問は必ず確認を！　質問をためらわない
気持ちを代弁すれば親密感も増す

## ▼繰り返すことで相手に安心感と信頼を与える

人は誰しも、自分の興味がある情報を優先しがちです。注意して聞いているつもりでも、ついつい自分勝手に解釈してしまうものなのです。

そんなコミュニケーションのズレを防ぐのが、「聴いて伝える力」、フィードバックです。この方法だとミスを防げるだけではなく、繰り返すことによって相手に安心感と信頼を与えられます。

たとえば復唱。相手の言葉を繰り返したり、かいつまんで確認すると、話が把握しやすく、お互いの理解も深まります。

質問でフィードバックするのも、効果的な方法です。「それは、○○ということでしょうか？」と聞き返すと、勘違いを防ぐことができ、同時に自分自身への覚え書きにもなります。

また、疑問がわいたときは、必ずその場で解消すること。ビジネスでは質問はポジティブな行為です。わからないまま進めるのはトラブルのもと。かえって迷惑になります。相手の話が一段落したところで、ためらわずに質問しましょう。

## フィードバックのステップ

わかりました、○○ですね
→ 1 復唱のフィードバック

～までに、○○があれば大丈夫でしょうか?
○○が初めてなので、もう一度伺ってもいいですか?
→ 2 質問のフィードバック

さらに、もう1ステップ

なるほど、そういう方法もありますね
たしかに、そのやり方だと経費も抑えられそうですね
→ 3 共感のフィードバック

**話が広がり、コミュニケーションが深まる
役立つ情報を提供することもできる**

---

さらに、相手の気持ちを代弁して返すのも、話を弾ませるよい方法です。相手の気持ちを推し量り、共感を示すと、話し手の緊張もほぐれていくので、互いの距離が一気に縮まります。

### ▼相手のボディランゲージに注目

会話中は姿勢、視線、手足の位置も、相手の気持ちを推し量るサインになります。

・うつむく⬇自信がない
・よそ見する⬇気が散っている
・腕を組んでいる⬇思案中
・指先が落ち着かない⬇緊張している場合も

### ▼メモをとる癖をつけよう

メモは正確に要点をつかみ、記録を残す意味でも有効。熱心さが伝わり、相手も簡潔に話してくれます。

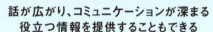

06

# 意見を言うときのルール

point

- 声がけしてから話しかける
- 相手を尊重して敬意を込める
- 選択権は相手に渡す

## ▼積極的に発言するのが社会人

発言はするのとしないのでは大違い。思っていても言葉にして伝えなければ、仕事では何もしていないのと同じになってしまいます。

新人や若手は、自信や経験がないからと、意見を言うことにためらいがちですが、「言わない、やらないでは存在していないのと同じ！」というくらいの気持ちで、奮起して発言しましょう。

もちろん、仕事ですからきちんと調べて、自分なりの意見をまとめておくのが大前提です。

もうひとつ大事なのは、周囲への敬意です。「考えてみたのですが、聞いていただけますでしょうか？」と、謙虚な姿勢で提案をすれば、新人でも決して生意気だとは思われません。

上司や先輩はあなたの意見を聞いてみたいと思っています。それどころか、勇気を出して発言するあなたの頼もしさを評価してくれるはずです。

ただし、しつこく言うのは禁物。うっとうしく思われない程度の積極性でアプローチしてください。

# 上司や先輩には声がけしてから話しかける

職場では、どんな場合も気遣いが必要です。声をかけるときは、「今、よろしいでしょうか?」「○○の件で3分だけ、お時間いただけますか?」と、断りを入れましょう。

声がけの前に、話しかけてもよいタイミングかどうか、きちんと状況を見ることも大事です。

# 選択権は相手に渡す

意見や提案は、押しつけやお節介になっては奮起しても意味がありません。「もし、よろしければ〜したいのですが、問題はないでしょうか?」と疑問形にして、選択権は相手に渡すという余白を残しておけば、きちんと敬意が伝わります。

✕こちらのほうが便利だと思います。

○こちらが便利だと思うのですが、一度見ていただけませんか?

# 否定形を肯定表現へ変える

人は否定的な言い方や命令口調で言われるとカチンとくるものです。できない、わからない場合も、肯定表現で言い換えればソフトで感じよく伝わります。

同様に何かを頼むときも、やわらかく「お願いする」気持ちを込めましょう。

・「○○はできません」

⬇「△△ならできそうです」

・「上司に確認しないとわかりません」

⬇「上司に確認して、折り返しお伝えいたします」

・「○時に来てください」

⬇「恐れ入りますが、○時に来ていただけますか」

・「名前を記入してください」

⬇「お手数ですが、お名前を記入していただけますか」

07

# 異論や反論は相手を立てて前向きに言う

point

- 否定ではなく前向きに
- 相手の意見を肯定してから話す
- 接続詞をうまく使う

### ▼相手を立ててから自分の主張を述べる

日本人はディスカッションが苦手な人が多く、異論を唱えたり反論することを避けがちです。

気まずいムードになるなら言わないほうがいいという気持ちもわからないではありませんが、人の考えや感じ方は十人十色。反対意見があれば呑み込まず、きちんと主張するのが社会人です。

ただし、言い方には気をつけたいもの。相手の意見をことごとく否定したり、批判するのは避けるべきです。「どう考えても○○のほうがいい」というような言い方をすると、正論であっても、言われたほうは気持ちがいいものではありません。せっかく意見を言っても関係が悪くなる恐れもあります。

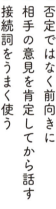

そんなときによいのが、まずは相手を立てるという方法です。異論・反論があるときは、相手の意見を肯定してから、自分の考えを主張するようにしましょう。

「おっしゃることはよくわかります。そこで、わたくしが考えるところを1点お話ししてもよろしいでしょうか？」などとお伺いを立てる形で相手を立ててから、意見を述べると角が立ちません。

その際、「そこで」「ただ」などの肯定的な接続詞を上手に使うと、さらに反論している印象が薄れて、前向きな提案になります。

「課長は〜というご意見ですね」＋「そこで思うのですが、お話ししてもよろしいですか？」

「〜ということですね」＋「残念ながら、わたくしは反対の意見を持っておりまして〜」

「課長は〜が問題だと思っておられるのですね」＋「ただ、それだとすぐに結論を出すのは難しいように思います」

このように、「別の見方をすればこういう手もある」というニュアンスを含めれば、相手も冷静に検討してくれるはずです。

## ▼100％否定したら反発を招く

「でも」「そうはいっても」「しかし」という否定の切り返しだと、会話が悪循環に陥ります。次のような「そこで」「ぜひわたくしからも」「結論の前に一点いいでしょうか？」などの肯定的な接続詞をはさんで主張するようにします。

✕「おっしゃることはわかりますが、わたくしとしては」

○「おっしゃることはわかりました。そこでわたくしからもひとつ、いいですか？」

✕「〜については申し訳なく思っていますが、こちらとしましても〜」

○「〜については申し訳ございませんでした。そこでこちらとしては〜」

✕「そうはいっても、絶対こちらのほうがいいですよ」

○「〜を考えると、こちらのやり方もあるかと思いますが、いかがでしょうか？」

08

# 断るときは次回への希望を込めれば好印象

point

- マイナスではなくプラスの言い方に
- 残念な気持ちを伝える
- ダメなときはすぐに断る

## ▼相手を気遣うひと言をつけ加える

お誘いを受けても予定が合わなかったり、頼まれた仕事ができそうにないときは、すぐに断りましょう。きちんと断るのが相手への作法。あいまいな言葉で濁して、余計な期待をもたせてはいけません。ただし、「できません」「忙しくて無理です」というストレートな拒否だと、拒絶感が強くて不快な印象を与えます。

断られたという相手の気持ちを和らげるために、マイナスの言い方ではなく、プラスの表現に転化した言い方を心がけましょう。

たとえば、仕事の指示で時間内にできそうにない場合は、「間違いなく進めたいので、明日の午後まで時間をいただけますか」と前向きな提案を加えます。「明日の資料作りがあって、今は時間がとれそうになくて、すみません」と、こちらの状況やできない理由を述べるのもいいでしょう。

その際、「やらせていただきたいのですが」とひと言添えると、前向きな気持ちが伝わります。残念な気持ちを伝えるためのひと言をつけ加えましょう。

## 取引先も上司も納得！ 社会人ならこう断る

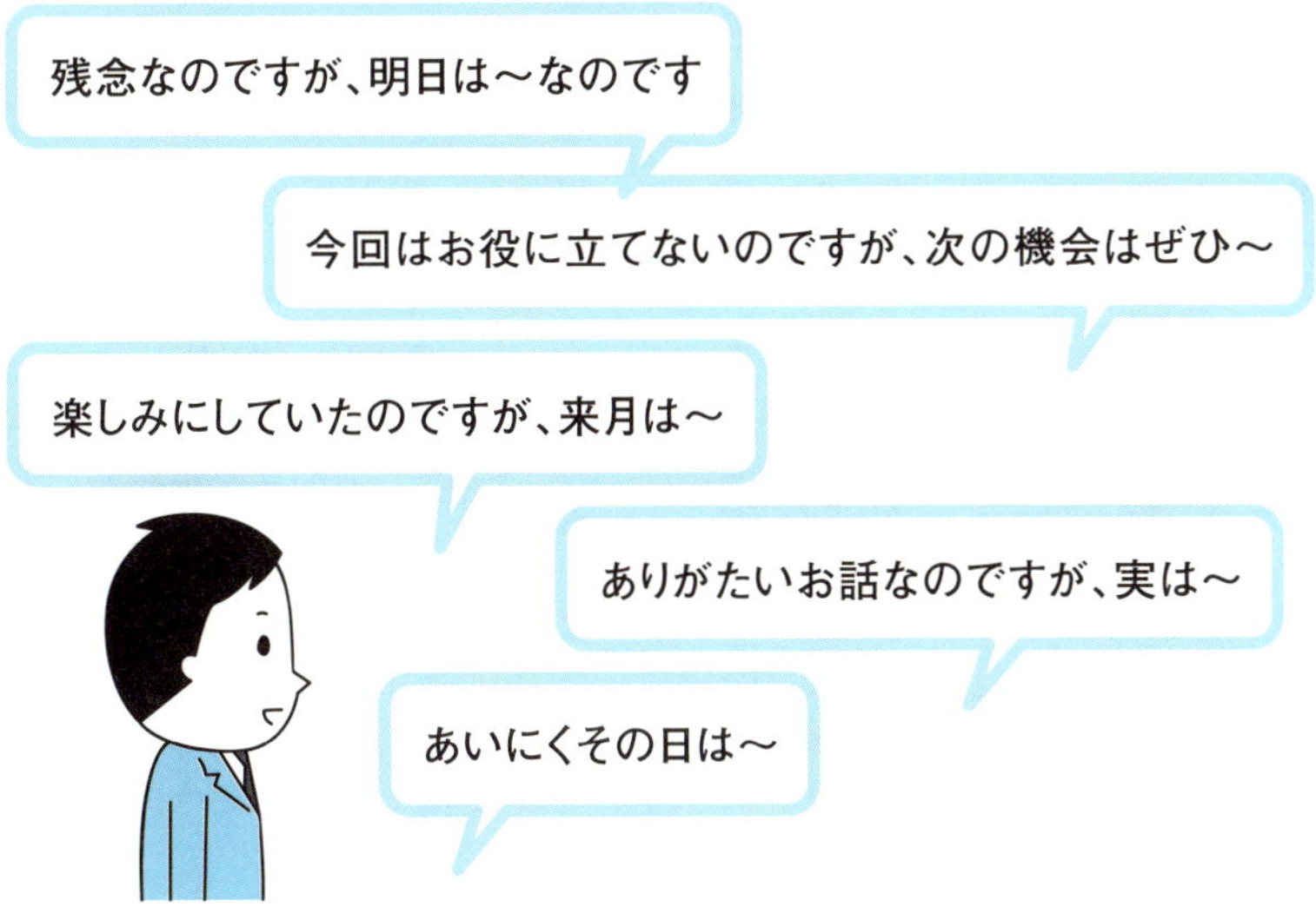
残念なのですが、明日は〜なのです
今回はお役に立てないのですが、次の機会はぜひ〜
楽しみにしていたのですが、来月は〜
ありがたいお話なのですが、実は〜
あいにくその日は〜

### ▼断るかどうか迷うとき

仕事が重なって優先順位がつけられないなど、自分では判断がつかないときは、「優先順位はどちらが高いですか？」と、上司に判断を委ねましょう。

### ▼今回はダメだけど次につなげたいとき

次につながる期待のひと言を添えましょう。「またお誘いください」「次回はぜひお願いします」などのひと言があれば、拒絶の印象を与えずに、相手にまた誘ってみようと思ってもらえます。

### ▼誘いの内容が苦手だったら

「嫌い」とは言わず、「苦手」「得意ではなくて」「慣れていなくて」といった表現を使いましょう。

✕「お酒は飲めません」

○「お酒は苦手なのですが、酒席は嫌いじゃないので、ぜひいつかご一緒させてください」

# 09 定番のビジネス用語を覚えれば、仕事はスムーズに進む

point
- 決まり文句なので覚えて使おう
- 積極的に使うことで語彙が増えていく
- 状況に応じたひと言を添えれば親近感が増す

## ビジネスの定番フレーズを押さえよう

ビジネスにはやりとりをスムーズに進めるための定番の言い回しがあります。代表的なのは、「お世話になっております」でしょう。大してお世話になっていなくても使われる挨拶です。

「おかげさまで」と感謝を述べて状況を伝えたり、「なにとぞ」とつけ加えてお願いをするのも定番。

決まり文句を使うことで、礼儀正しく気持ちを伝えることができ、お願いごとやお断りなど、言いにくいことでもソフトに伝えることができます。

このようなビジネスの定番フレーズを左ページにまとめました。

学生のときには堅苦しく思われた表現もあるかもしれませんが、丁寧な言い方として仕事の現場ではよく使われるので、積極的に使いながら覚えていきましょう。

## 使いこなしたいビジネスの定番フレーズ

| 普通の言葉 | ビジネス用語 |
|---|---|
| わたし、ぼくたち | わたくし、わたくしども |
| 男の人、女の人、○○社の人 | 男の方、女の方、○○社の方 |
| 誰ですか | どちら様でしょうか |
| 会社はどこですか | どちらにお勤めでいらっしゃいますか |
| ごめんなさい | 申し訳ございません |
| できません、やれません | いたしかねます |
| 知りません | 存じません |
| わかりません | わかりかねます |
| わかりました | かしこまりました、承知いたしました |
| どうもすみません | 申し訳ございません、失礼いたしました、ご迷惑をおかけいたしました |
| すみませんが | ご面倒ですが、お手数ですが、誠に恐れ入りますが |
| ちょっと待ってください | 少々お待ちください |
| 何のご用ですか | どういったご用件でしょうか |
| 誰を呼びましょうか | どの者をお呼びしましょうか |
| いま席にいません | ただいま席をはずしております |
| こちらから行きます | こちらからお伺いします |
| 言っておきます | 申し伝えます |
| ちょっと声が聞こえにくいのですが | 少々お声が遠いのですが |
| えっ、何ですか | もう一度おっしゃっていただけますか |
| します | いたします |

## クッション言葉が使えれば一人前

定番の言い回しのなかでも、よく使われるのが「クッション言葉」です。

本題を言う前にワンクッション置いて、表現をやわらかく包み込む作用があります。「失礼ですが」「恐れ入りますが」などはその典型で、奥ゆかしさや心遣いも感じられる日本語らしい表現です。やわらかい印象を与え、相手の心の準備を促すので、ぜひ取り入れてみましょう。

これらのお決まりのフレーズだけでなく、「お寒いなか、ご足労いただき恐れ入ります」など、状況に応じた言葉を添えられるとワンランクアップ。相手への気遣いをより伝えることができます。

### クッション言葉 7つのフレーズ

何かを尋ねたり、
お願いするときにソフトな印象を
与えるために使う。

1
**恐れ入りますが**
（こちらでお待ちいただけますでしょうか）

2
**失礼ですが**
（どのようなご用件でしょうか）

3
**申し訳ございませんが**
（○○はいま、外出しております）

4
**あいにくではございますが**
（次回の入荷は5日になります）

5
**差し支えなければ**
（前回の資料を拝見させていただけますでしょうか）

6
**お手数ではございますが**
（メールでお送りいただけますでしょうか）

7
**勝手を申し上げて恐縮ですが**
（今週中に返却いただけますでしょうか）

## お詫びの言葉・7つのフレーズ

お詫びの際は、「すみません」を繰り返すだけでは、
気持ちが伝わらないことも。これら7つのフレーズを覚えておこう。

1 大変失礼いたしました

2 おっしゃる通りでございます

3 誠に（不行き届きで）申し訳ございません

4 早速調べて、お返事申し上げます

5 いろいろとお手数をおかけいたしました

6 今後十分注意いたします

7 ご親切に注意していただきまして、ありがとうございます

## 社会人としてNGな話し方

- □ 語尾を伸ばすなどカジュアルな表現
  - いま電話中ですねぇ ✕
  - 〜と思いますけどぉ
- □ 話の途中で割って入る、話の腰を折る
  - あ、いえ、そうではなくて ✕
- □ 複数の返事、やる気のない返事
  - はいはい ✕ はぁ?
- □ 最後まで言わずに途中で止める聞き方
  - ご注文は? ✕ どのようなご用件で?

### 社会人としてふさわしくない表現

人にはつい口にしてしまう言葉づかいの癖があります。ビジネスの場にはふわさしくない表現もあるので、自分の言葉の癖をチェックしてみましょう。

## バイト言葉から卒業しよう

これらは学生アルバイトの現場でよく使われるNG言葉。
一見丁寧なようでも日本語としてはおかしな表現なので改めよう。

| | ✕ | ○ |
|---|---|---|
| 【～のほう】 | こちらのほうで～／こちらにお電話番号のほうをいただけますか? | こちらで／こちらにお電話番号をご記入いただけますか? |
| 【～の形】 | 少々お時間をいただく形になります | 少々お時間をいただきます |
| 【～でよろしかったでしょうか?】 | 2名様でよろしかったでしょうか? | 2名様ですか／2名様でお間違いございませんか? |
| 【～になります】 | こちら資料になります | こちらが資料でございます |
| 【～からお預かりします】 | 1万円からお預かりします | 1万円いただきます |
| 【～ので】 | 佐藤と申しますので／時間は5時までとなっておりますので | 佐藤と申します／時間は5時まででございます |
| 【～ですが】 | こちらには届いてないのですが／明日にはできる予定ですが | こちらには届いていないようです／明日にはできる予定です |
| 【～させていただく】 | こちらにさせていただいてもよろしいでしょうか? | こちらで問題はございませんか? |

# 10 上司、先輩には敬意をもって、同僚とは節度ある付き合いをする

point

- 信頼、敬意は態度で表さないと伝わらない
- 同僚とは助け合いの精神を持つ
- どんな相手でも礼儀を忘れずに

## 謙虚な行動と丁寧な言葉遣いを忘れない

職場では、人への接し方によって人となりが判断される場合があります。どんなに親しくしていただいている上司、先輩でも上下関係をわきまえて、謙虚な行動と丁寧な言葉遣いを心がけましょう。

また、敬意は態度で表さないと伝わりません。たとえば、呼ばれたらすぐ返事をしていく、指示はメモをとって復唱するなどは、何気ないことでも熱心さが伝わり、評価につながります。

迷ったり、わからないことがあれば、すぐに相談すること。よく質問する若手は、積極性があると評価され、かわいがられます。

一方、同僚や後輩は苦楽をともにする仲間。いつもサポート&フォローの精神で助け合いましょう。人前でミスを指摘するなど、「やられたら嫌なこと」はしないのが賢明です。

そして、もうひとつ気をつけたいのは公私混同です。職場でプライベートなことをベラベラ話すのはルール違反。お金の貸し借りも避けるべき。ランチ代などちょっと借りたお金でもすぐに返すこと。

## 上司、先輩はこんな態度を見ている

□名前を呼んだらすぐに返事をするか?
□出社時間を守っているか?
□自分から積極的に報告・連絡・相談をしているか?
□礼儀ある態度で行動できているか?
□社会人らしい言葉遣いができるか?
□期限を守って仕事ができるか?
□雑務も丁寧にこなしているか?
□会社の商品、備品を丁寧に扱っているか?
□掃除、ゴミ捨てなど細かい気配りができるか?

## こんなタイプは嫌われる

①挨拶や返事ができない
②報告・連絡・相談がない
③時間にルーズ
④笑顔がない、愛想がない
⑤敬語が使えない、使わない
⑥わかっていないのにいい加減に返事をする
⑦周囲に気を配れない、空気を読めない
⑧勝手に行動し、失敗する
⑨仕事の姿勢に意欲が感じられない
⑩口先だけで行動がともなわない

# 仕事のルール・進め方

## ——職場で一目置かれるようになる

01

# 仕事は「正《せい》・早《そう》・安《あん》・楽《らく》」を意識する

**point**

- ミスは時間もお金もムダにしてしまう
- 慣れるに従ってスピードを上げていく
- 楽しさを生むには自分なりに工夫すること

### 脱・段取りコンプレックス！

「正《せい》・早《そう》・安《あん》・楽《らく》」とは、正しく、早く、安く、楽しくの略で、私が新人のみなさんにお話ししている、仕事を進める上での心構えです。

新人が最初に心がけるべきは「正」。ミスすることなく、正しく仕事を進めることです。簡単なことですが、職場の人たちの名前を正しく覚えるのも「正」の心がけのひとつ。配属されたら、すぐに左ページのような座席表などを自分で作って、名前と担当を正しく覚えましょう。

また、会社には必ず独自のやり方があるので、マニュアルを読み、先輩のやり方をまねて、仕事を正しく覚えましょう。最初はゆっくりでもいいので、正確にできることが肝心です。

3カ月から半年たって、環境や仕事に慣れてきたら「早」、スピードアップを目指しましょう。議事録や報告書の作成など、いつもやっていることが5分でも10分でも早く仕上げられるよう、スピードを上げることを意識してください。

同時に考えたいのが「安」。コスト意識を持つこ

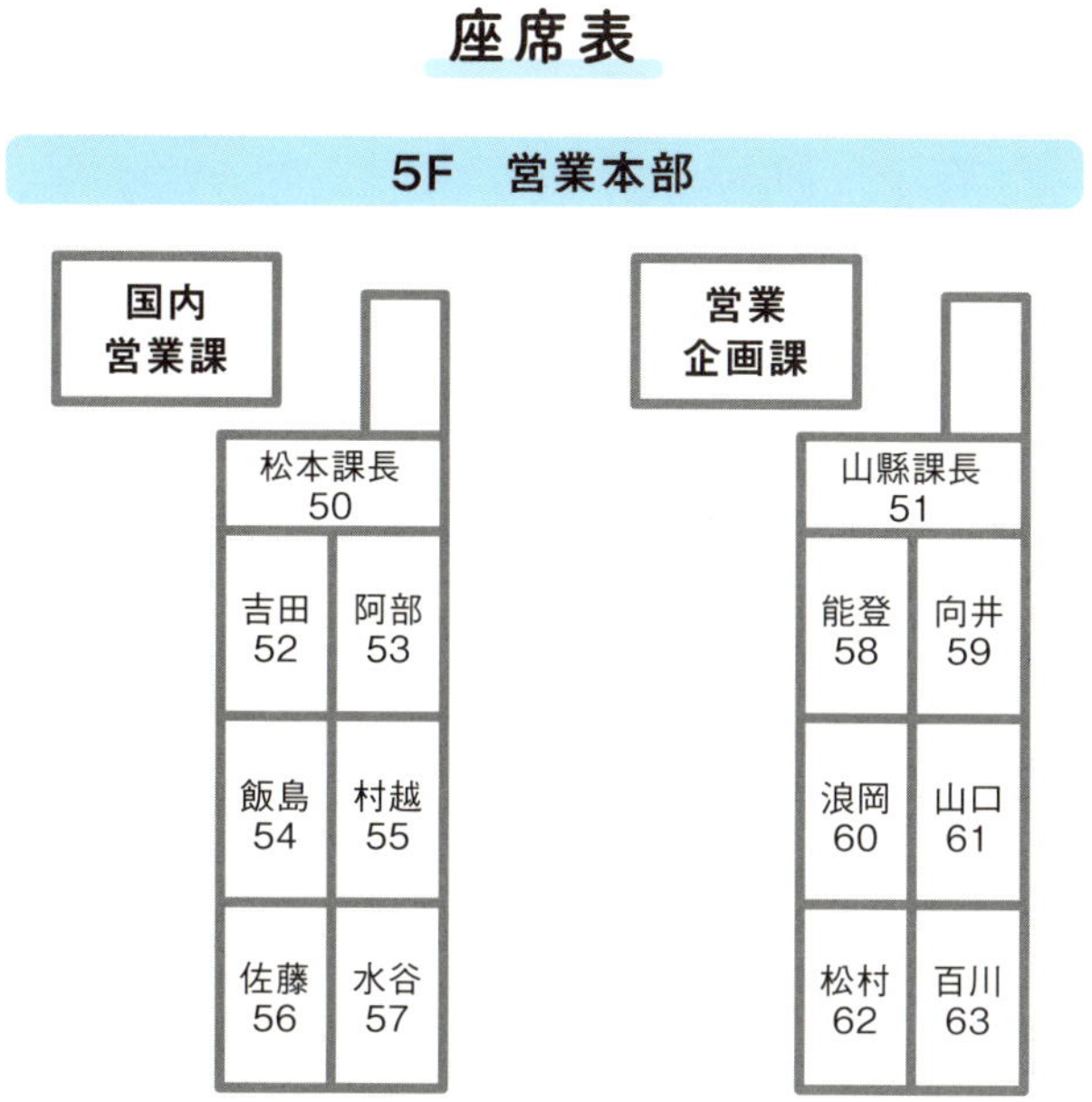


とです。いま進めていることにムダなお金や時間がかかっていないか、「コスト」という目で仕事を見るようにしましょう。

たとえば、ミスのある書類をプリントアウトすると、やり直すのに紙も時間もムダにしてしまいます。あなたの時間には給料というお金が発生していることを忘れずに。

最後は「楽」です。人は楽しくないと、続けていくのが辛くなって会社を辞めたくなってしまいます。ワンパターンやマンネリ化は、継続の敵。

新鮮味を失うことなく、楽しく続けていくために、半年に一度でも新しいことに挑戦するなど、自分なりに創意工夫をしましょう。

### ▼仕事を「正・早・安・楽」にする工夫

**【「正」＝正しく】**

・周囲の人の名前を覚えるために座席表を作る

・書類は提出前に必ず見直す
・仕事に抜けや漏れのないよう、やるべきこと、注意点をふせんに書いて、デスク周りに貼っていく
・仕事ノートを作って、ノウハウを書き込む
・勘違いや聞き間違いを防ぐため、常にメモを持ち歩いて書き込む

**【「早」＝早く、スピードを上げる】**

・優先順位をつけて仕事を進める
・効率が上がる時間の使い方をする
☆頭が冴える午前中は企画立案、考えごとをする
☆眠くなりがちな昼食後はアポ取り、名刺整理、外回りなど体を動かす仕事や人と話す仕事をする
☆作業効率の上がる夕方は書類整理、情報収集、書類作成などをする

**【「安」＝安く】**

・ミスをしない
・使ってない場所の電気を消す、エアコンの温度を適切にするなど省エネを心がける
・書類は裏紙も使う
・先輩への質問はまとめて聞く（細々と質問をして、その都度、先輩の手を止めると時間、コストのムダになる）

**【「楽」＝楽しく】**

・ストレス解消法をもつ、先輩にストレス解消法を聞く
・3カ月、半年に一度など定期的に新しい挑戦をして自分を刺激する
・成果を実感するため、自分が担当した仕事、人よりよくできると思う点などを書き出し、自分をほめる
・指示を受けたとき、「こういうふうにしてはいかがでしょうか」と、自分なりに創意工夫して提案をする

## 仕事の「きほんのき」は、「正」「早」「安」「楽」

### 「正」＝正しく

・書類は提出前に必ず見直す
・仕事ノートをつくって、ノウハウを書き込む

### 「早」＝スピードを上げる

・優先順位をつけて仕事を進める
・効率が上がる時間の使い方をする

### 「安」＝安く

・ミスをしない
・先輩への質問はまとめて聞く

### 「楽」＝楽しく

・ストレス解消法をもつ
・指示を受けたとき、自分なりに創意工夫して提案をする

02

# 雑務こそ丁寧に、雑にこなさない

point

- 雑務には仕事への姿勢と人となりが表れる
- 使う人の身になって動く
- 備品は大切に扱う

## たかがコピー、されどコピー

資料の整理やお茶だし、おつかいなど、新人時代は雑務が多くなりますが、簡単な用事でも捉え方次第で得るものが大きく変わってきます。

単なる雑用だと思うと面倒になりますが、仕事を支える大事な役割だと考えれば、工夫できるポイントが見えてくるはずです。

たとえば、コピーをとるにしても見やすいように、画像のモードに配慮したり、両面コピーで紙のムダを省いたりするだけで仕事への姿勢が表れます。

書類を綴じる場合は、紙を揃えて、縦書きは右端、横書きは左端を留めるのが原則。コピー機のトラブルやトナー切れは、そのままにせず、必ず総務などに連絡して対処するようします。

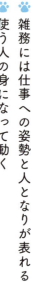

また、ゴミをこまめに捨てたり、洗面台や共有スペースが汚れていたらきれいにする、観葉植物が枯れていたら手入れをするなど、どうすれば周囲が使いやすく、心地よく使えるかを考えて動けば、どんなことでもおもしろみがわいてきます。

職場での行動は誰かが見ているものです。簡単なことでも丁寧に取り組めば、必ず「気が利くな」と評価してもらえるものです。

### ▼書類の保存は会社のルールに従う

書類の整理や保存は、必ず上司や先輩にルールを尋ねて、会社のやり方に従うこと。個人用の書類は、「自分ルール」を作って整理しておくと後から見直しやすいです。

### コピーのとり方

- **事前の確認事項**
  サイズ、枚数、急ぎかどうか
- **とり方のチェック**
  画像のモードや文字の濃度を確認、調節
- **注意点①**
  勝手に倍率は変えない（見えない場合は、指示を受ける）
- **注意点②**
  集約や両面コピーの機能を使ってコンパクトにまとめる
- **最後の確認**
  コピー漏れ、コピーミス、白紙の混入がないか

## 差がつく書類整理のコツ
## ～2つのステップで分類！～

### 1 大きく分類する

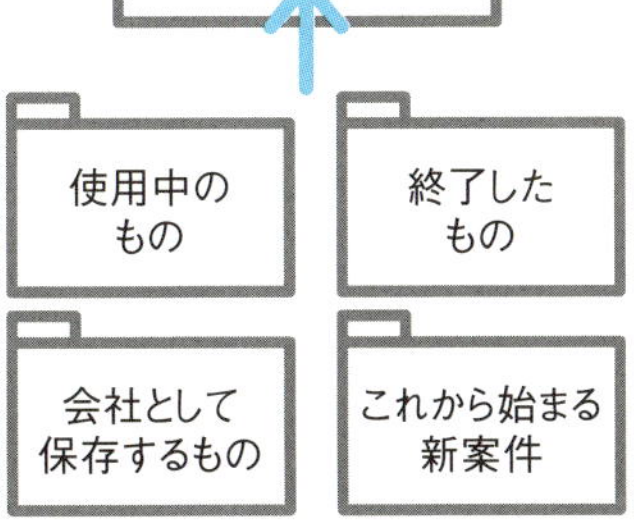


### 2 1を案件ごとに整理

書類ごとに見出しをつけてファイルする。

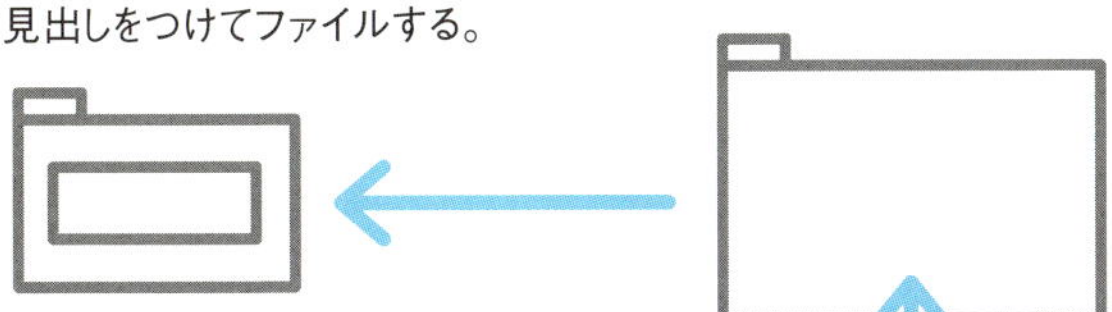

**終了案件：**
案件名、取引先名、日時を明記。

**使用中・新案件：**
案件名を書いて、クリアファイルなどで見やすくして保存。

※社内で共有のものは手元に長く置かず、共有の保管場所に戻すこと。

03

# 指示を受けたら「5W2H」で要点をメモする

point

記憶には限界があるのでメモに頼る

5W2Hで正確に把握する

疑問・不安は、その場で相談して解消

## ▼メモをとりながら5W2Hで整理する

仕事は命令、指示で始まり、報告で終わるといわれます。指示受けは仕事の出発点。指示内容を正確に把握するためには、どのように受けるかという姿勢がポイントになります。

まずは呼ばれたらすぐに「はい」と返事をして、メモを片手に上司のもとに行きましょう。人は聞いたことを、20分たったら4割、1日たったら7割忘れているというデータもあるので、内容は必ず書き留めること。書き方は「5W2H」で整理すると、重要なポイントがよくわかるようになります。

指示を受けている最中に疑問がわくと、すぐに聞きたくなりますが、話を途中でさえぎらないこと。わからない点はひとまずメモに「?マーク」を入れて、ひと段落ついたところで質問をします。

最後まで話を聞き、疑問点も確認したら、メモを見ながら復唱して、最後に期限を確認しましょう。

新人の頃は「いいところを見せたい」という思いが強く、わからないことがあっても質問しないでそのまま進めようとしたり、無理と思いつつ、頼まれたことを全部引き受けてしまうことがあります。

安請け合いは、かえって周囲に迷惑をかけてしまいます。頑張るのはよいことですが、自分のキャパシティを把握しておくことも大事です。

## 指示を受けるときは、メモを片手に聞く

- 話をさえぎらずに、メモをとりながら聞く
- 最後に質問して、疑問、不安を解消する
- 期限の確認も忘れずに

## 正しく指示を受けるためのメモ

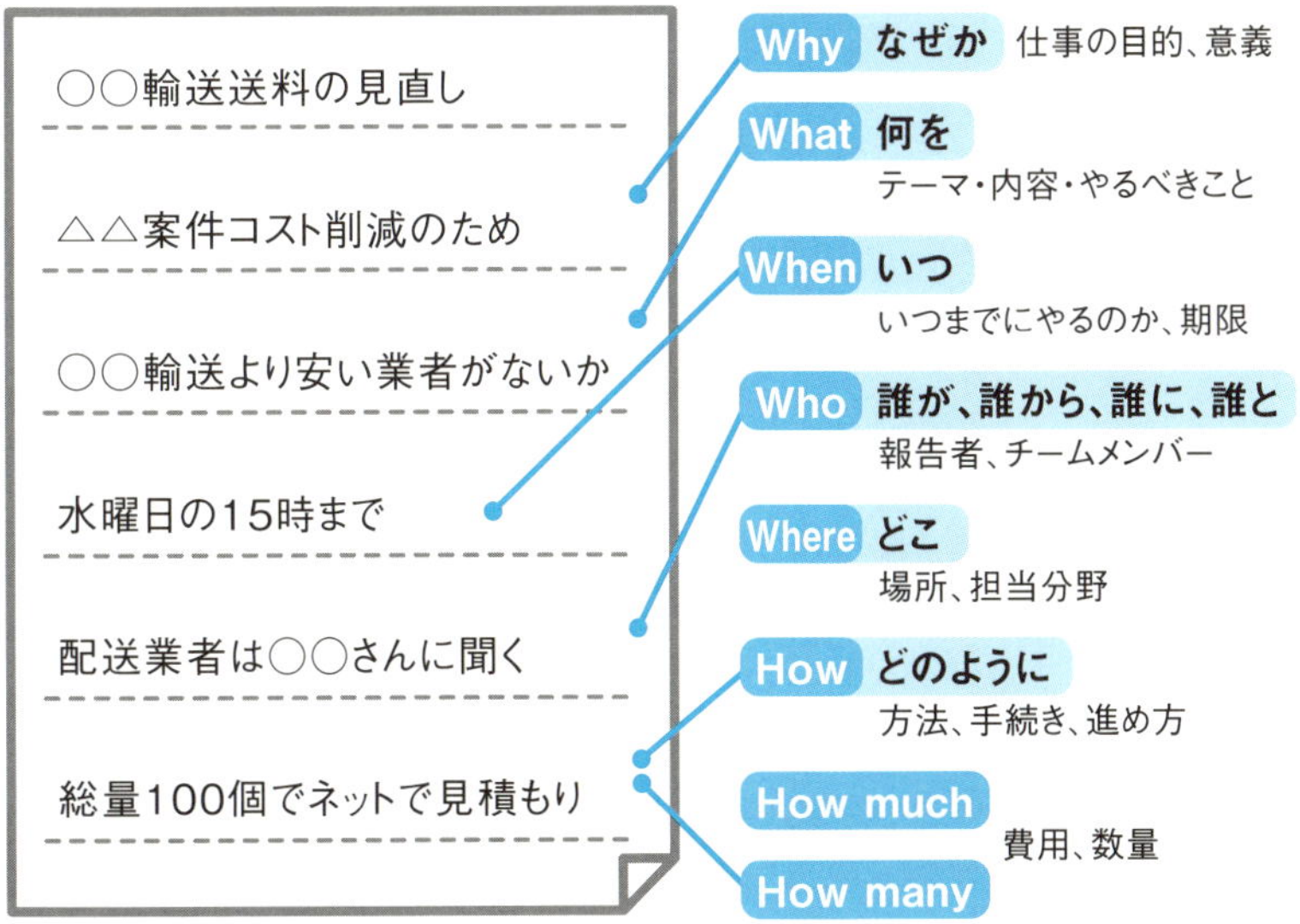

## 04 質問上手は職場でかわいがられる

point
- 遠慮は無用！ 頼られて嫌な人はいない
- クローズドクエスチョンで正確に確認
- オープンクエスチョンで内容を掘り下げる

### ▼何でも聞いていいのが新人の特権

日本人は、質疑応答が苦手です。こんな質問をしたら「恥をかくのでは……」と思ったり、どう聞いたら答えやすいかなど、相手に配慮してブレーキがかかってしまうのでしょう。

でも、何でも聞けるのが新人の特権です。無用な心配をするうちに時間がたって聞きにくくなるので、むしろ早めに質問しましょう。

質問は、先輩や上司とのコミュニケーションのきっかけにもなります。先輩や上司からしてみれば勝手に判断して仕事を進めるより、確認しにくる部下のほうが安心して任せられるというもの。

ただし、何でもかんでも、やみくもに聞くのは禁物です。まずは自分で調べ、考えてから、相談するという姿勢で教わるようにしましょう。

ポイントは、上司の手があいているときを見計らって、質問の内容を明確にすることです。

そのためには、次に紹介するクローズドクエスチョンとオープンクエスチョンの違いを知って、相手が答えやすい聞き方を心がけましょう。

### ▼クローズドクエスチョン：閉じた質問

⬇確認に有効。相手が「YES」と「NO」で答えられる質問の仕方。

「明日の10時までに5部揃えればいいですか？」

「そうだね、よろしくお願いします」

### ▼オープンクエスチョン：開いた質問

⬇会話が広がって相互理解が生まれる。相手が自由に答えられるように質問する。

「Aの案件だとコストは下がりますが、方法が限定されます。部長はどうお考えでしょうか？」

オープンクエスチョンは、何に対しての質問かを明確にすること。先に自分の意見を述べてから、相手の意向を聞くのがポイント。

### ▼指示受けで、こんな疑問が出たときは？

・思いのほか難航、期限までにできそうにない場合

⬇事情を話して指示を受ける。「無理かも」と思った時点ですぐ相談して指示を受ける。

・指示や内容に疑問、矛盾があるときは？

⬇「少し確認させていただいてよろしいでしょうか？」と、矛盾を指摘するのではなく、疑問点を具体的に確認する。

・仕事が重なっている場合は？

⬇誰に何を指示されていて、どちらを優先するか相談する。自分で勝手に判断しないこと。指示されたことがすぐにできない場合も、その場で確認し、了承を得ること。

05

# 報《ほう》・連《れん》・相《そう》は仕事の根幹、欠かすとトラブルに発展する

point

- チームワークだからこそ報・連・相は必要
- 報告、連絡、相談はそれぞれ目的が違う
- こまめで迅速な報・連・相を心がける

## 新人は「報・連・相」がメインの仕事

仕事はチームで進めるもの。社内で必要な情報を共有して、効率よく進めるためには、常に「報・連・相」を密にすべきです。

そうすれば、ミスがあっても大きなトラブルにならず、問題をスムーズに解決できます。とくに新人、若手のうちは補佐的な業務が多いので、報・連・相そのものがメインの仕事といってもいいほどです。

報告、連絡、相談は、それぞれ目的が違うので、なんのためなのかを考えながら進めましょう。

まず報告は、事実や進捗、結果を伝えるもの。途中経過もきちんと伝えることが大事です。

連絡は、予定や未来を伝えること。変更点や注意事項などを伝えることで、内容の変更やスケジュールの見直し、関係各所への連絡も必要になります。

相談は、情報を聞き出すためのアプローチ。問題点が出てきたら、トラブルになる前に、アドバイスを求める形で相談するのが理想的です。

互いの信頼を深めるためにも、こまめな報・連・相を心がけてコミュニケーションを密にしましょう。

## 報・連・相のコツを押さえる

### 報告

○○の中間報告で、5分ほどお時間をいただけますか?

- 相手も内容を認識しているので用件は手短に。
- 時間がかかる案件や時間内で終わりそうにないときは必ず中間報告をする。
- 結論を先に言って、いたった経緯(事実)を明確に話す。
- 必要なら関係資料を添える。
- 自分の意見は最後に言う。

### 連絡

○○に変更が出ました。1、2分よろしいですか?

- 情報の緊急度や重要性を先に伝える。
- 勝手に判断せず、細かいことでも連絡する。
- 上司がその場にいないなら、メモや電話、メールで連絡する。
- 連絡漏れを防ぐために、伝えるべきことをメモする。

### 相談

○○の件なのですが、10分ほどお時間をよろしいですか? 競合が同様の提案をしているようなので、お知恵を拝借したいのです

- 相談する旨を先に伝える。
- 何についての相談か、目的を絞って伝える。
- 早急な相談が原則だが、相手の都合も考えて切り出す。
- 自分なりの考え、対策も用意する。
- 何でもかんでも聞くのはNG。

## ▼シンプル＆ショートセンテンスを心がける

「何を言ってるのかわからない」と言われるのは、ダラダラと目的が見えない話し方をしているからです。短いセンテンスで話すようにしましょう。

## ▼事実と意見は分けて伝える

ひとつの報告のなかに結果報告と個人的な意見が入り交じると理解しづらく、まわりくどい伝え方になります。こんなときは、枕詞《まくらことば》を活用しましょう。

**【事実を伝えるのに有効な枕詞】**

「結論から申し上げますと」
「結果をお話ししますと」
「事実からお話ししますと」

**【意見を伝えるのに有効な枕詞】**

「わたくしの感想ですが」
「わたくしなりに分析してみたのですが」
「これまでの経緯から推察してみますと」

**【こんな報・連・相は嫌がられる】**

・目的、聞きたいことがわからない
・前置きが長い
・言い訳から始まる
・時間がたってからの報告
・催促されて初めて報告、連絡する
・事実ではなく、自分の意見だけで話をする
・泣いたり怒ったり、情緒的に話をする

## 報・連・相の8つの原則

**1 催促される前に報告する**

「まだ大丈夫だろう」「言わなくてもわかっているはず」と勝手に判断せず、きちんと報告する。

**2 指示された人に報告する**

新人時代は話しやすい人に伝えがち。「先輩に話したらいい」ではなく、指示を出した人に直接報告する。

**3 正確に伝える**

数字や情報に間違いがないか、話す前にチェック。

**4 具体的に話す**

「たぶん」「おそらく」「だいたい」などのあいまいな表現は誤解を招く。相手に不快感も与える。

**5 「5W2H」を踏まえる**

「誰が、いつ、どこで、何を、なぜ、どのように、どのくらい」と、内容がわかるように整理して話す。

**6 ショートセンテンスを心がける**

1文に1情報。聞いた情報を理解しやすいのは、1文60文字程度。短くまとめる癖をつける。

**7 結論先出し**

結論から話すと聞き手に心構えができるので、伝えたい内容の理解が早くなる。事実と個人的な意見を整理して伝えられる効果もある。

**8 具体的に話す**

数字はインパクトがあるので、際立った情報として相手に伝わり、全体像がつかみやすい。

06

# 報・連・相は、言い方次第で次の仕事につながる

**point**

- 受け身の仕事から主体性のある仕事へ
- 前向きな聞き方でチャンスを広げる
- 明確に伝えれば適切なアドバイスがもらえる

## ▼仕事は自分で膨らませるもの

「言えばやるんだけど、それ以上のことができない」とは、上司が若手に対してよくいう感想です。指示を正確に受け、確実に進めるのは、仕事では当たり前のこと。それだけでは、あなたの成長にはつながりません。

そこで、報・連・相を一歩膨らませて、次の課題へとつなげていくやり方を目指しましょう。成長のチャンスは、言い方ひとつで巡ってくるのです。

たとえば作成を任された資料を渡すときの会話で、「ご指示を受けた資料です。よろしくお願いします」

これでは、上司から「ありがとう」と言われるだけで終わってしまいます。「ほかに何かお手伝いできることはありますか?」「関連資料も調べてみようと思うのですが、必要ないでしょうか?」と、自分が次に取り組める仕事はないか、提案型の報告、連絡をして積極的な姿勢をアピールしましょう。

仕事はふられるものではなく、自ら膨らませるもの。仕事の基礎である報・連・相にもチャンスは埋まっているのです。

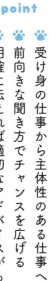

## 次の仕事につながる報・連・相の会話例

今よろしいですか？　先ほどの書類です。ご確認をお願いします

すぐ見るよ、ありがとう

明日の会議で、何かほかにお手伝いできることはありますか？

そうだな、この内容で問題なかったら、資料も準備してもらおうかな

かしこまりました、すぐに用意します

参考になるから、君も会議に参加するか？

ありがとうございます。ぜひお願いします

## 具体的に言わないと相手もわからない

相談したら、聞きたいこととは違うアドバイスがかえってきた。そんなときは、聞き方が悪いのかもしれません。何を教えてほしいのか、具体的に聞くことが適切なアドバイスをもらえるコツです。

### 質問の仕方で上司のアドバイスは違ってくる

✕ Aの表現とBの表現ではどちらがいいでしょうか？

↑ 目的が見えないので、上司の主観や好みが出てしまう。

○ お客様はコストを気にされているようなのですが、AとBではどちらがアピール度が高いでしょうか？

↑ コスト、お客様、アピールという視点に立ったアドバイスがもらえる。

07

# 悪い結果ほど早く、いさぎよく報告する

point

早く報告することでリスクを最小限にできる
報告は結果だけでなく、経緯も話す
ごまかさなければ、学びになる

## 結果だけでなく経緯もきちんと話す

仕事をしていれば、ミスや失敗、うまくいかないことが必ず出てきます。思わぬ事態が起きたとき、大事なのは、どう対処するかです。

仕事とは総力戦であり、組織で働くというのは、チームの一員として責任を持つこと。「新人だから」と、当事者意識が薄いのは一番の問題です。

責任という面では、きちんとした報告が必須。とくに、悪い結果は早く、いさぎよく報告すべきです。「予定より遅れそう」「ミスをしてしまった」など、言いにくいことほど怖がらずに伝えること。

このとき、結果だけでなく経緯も話します。ミスの原因をはっきりさせて、再発を防ぐためです。言い訳や正当化するのは、責任逃れと判断されます。

隠したり、ごまかそうとすると、時間がたつにつれ被害が大きくなります。反対に、報告が早ければ早いほどリカバリーしやすくなり、最終的に周囲の信頼を得ることにもつながるのです。

叱責は素直に受け止め、気持ちを切り替えて対処すれば、周りは必ず応援してくれます。

## いさぎよく報告する3つのコツ

1 素早く上司に報告する

2 素直にミスを認め、叱責を受け止める

3 メモをとりながら、対処の仕方を聞く

▼こんなとき、どうする？

・予想外のことが起きた！

①素早く上司に報告する
②素直にミスを認め、叱責を受け止める
③メモをとりながら、対処の仕方を聞く

・ミスの原因がわからない！

⬇何が悪かったのかを先輩や上司に尋ねる
「わたくしはこう進めていたのですが、何か間違いがあったのでしょうか？」

・失敗からリカバリーしたい！

⬇原因を突き止め、再発防止策を考える
どこが失敗の原因だったのか、問題点を突き止め、繰り返さないための予防策を考えて実行する。失敗は、仕事をよりよくするためのフィードバック。経験を活かしてステップアップを！

08

# 「PDCA」で行動すれば仕事は効率よく進む

point

- 仕事は必ず全体を見る
- 何のためにやるのか、常に目的を考えて動く
- 振り返りと改善で次のステージへ

## ▼目的を理解してよりよい仕事を目指す

「PDCA」は、仕事をスムーズに進めるための手法のひとつです。新人のうちは、指示を受けてから仕事が始まりますが、指示された内容を正確に、早く実行するためにも、「PDCA」は大事です。

まず「P」はPlan、計画です。5W2Hを押さえて考えるとプランニングしやすくなります。「D」はDo、実行。「C」はCheck、計画通りにできたかを見直すことです。整理すると、計画⬇実施⬇確認ですが、大事なのはその次の「A」、Action、改善点を次に活かすことです。

どんな仕事でも、「PDC」で進めれば確実に進めることができ、最後の「A」で常に改善を心がければ、仕事の内容も自分自身も、ステージアップしながら前進することができます。

そしてもうひとつ、PDCA全体を通して意識すべきなのは、「何のためにやるのか」という目的意識です。新人、若手が指示されるのは大抵、プロジェクトの一部分ですが、なぜこの仕事が必要か全体像を見て、指示された仕事の背景を理解すれば、

## PDCAサイクルを回すときの注意点

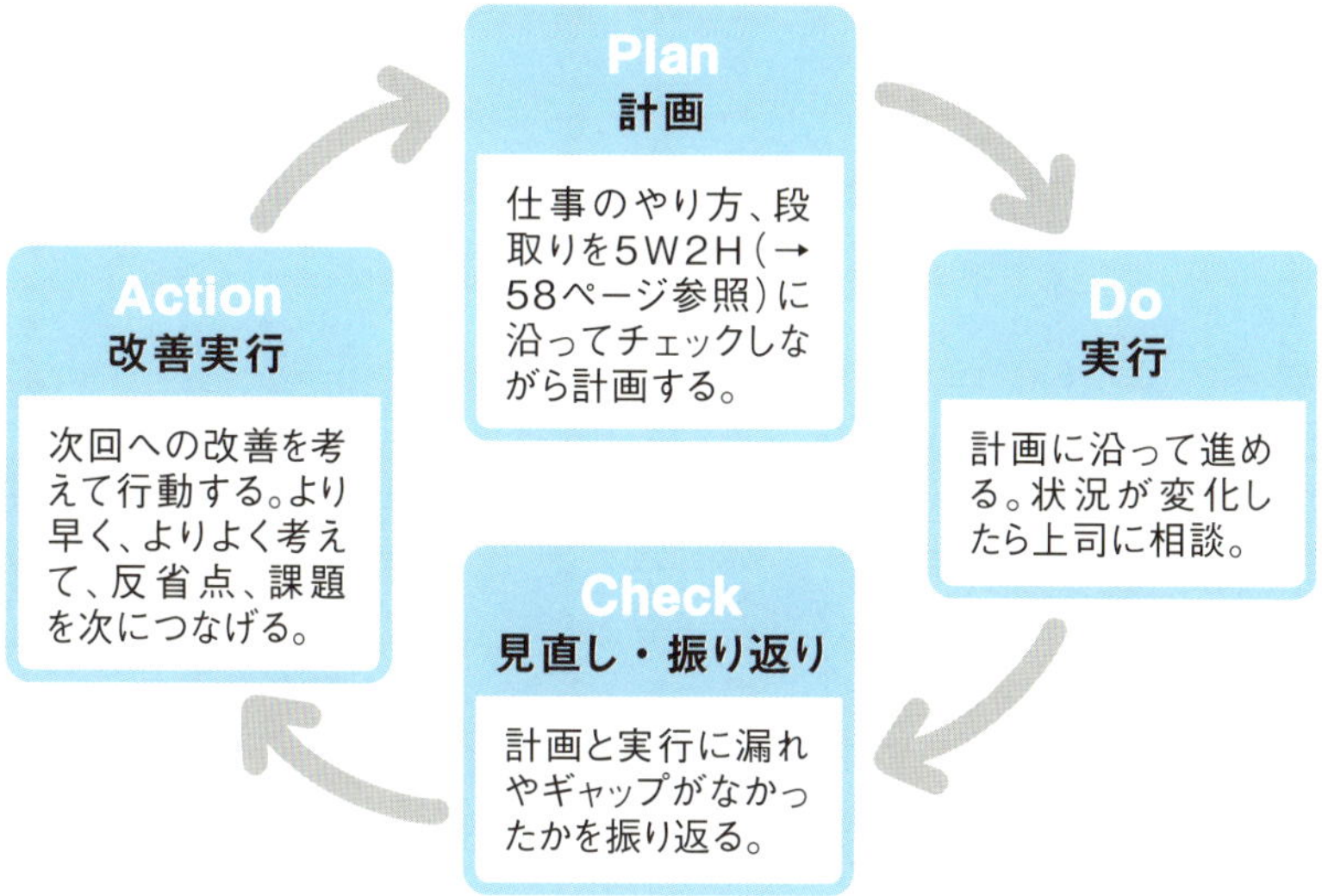
Plan
計画
仕事のやり方、段取りを5W2H（→58ページ参照）に沿ってチェックしながら計画する。
Do
実行
計画に沿って進める。状況が変化したら上司に相談。
Check
見直し・振り返り
計画と実行に漏れやギャップがなかったかを振り返る。
Action
改善実行
次回への改善を考えて行動する。より早く、よりよく考えて、反省点、課題を次につなげる。

どう進めるべきかも見えてきます。

### ▼仕事の目的を理解してクオリティを上げる

誰が何のために、どんな目的をもって、自分に指示を出したかを理解すれば、仕事に付加価値をつけることができます。たとえば、

**指示**⬇会議資料をコピーして10部用意する。

**背景**⬇社内外の人が参加する会議。

裏紙は使わない

＊資料添付の必要があるかを確認する。

**目的**⬇プロジェクトのプレゼンテーション。

表紙をつけるなど見栄えを確認

このように、背景、目的を理解することで工夫の仕方が見えてきます。工夫を凝らし、提案、実行することで、ほかの人とは違う成果を出すことができるようになります。

09

# スケジュールは優先順位をつけて締切から逆算して立てる

point

- やることを書き出して優先順位をつける
- 優先順位は緊急度と重要性で判断する
- どんな場合も締切を厳守する

## ▼優先順位をつけるときの3つのポイント

どんな仕事もスケジュール管理が必須です。スケジュールを立てるときは、まず全体を見て、やるべき作業を「リスト化＝ToDo化」しましょう。そして、締切から逆算して、計画を立てていきます。

優先順位をつけるポイントは次の3つです。

①期限がせまっているもの
②難易度が高いもの（時間がかかるもの）
③重要なもの

難易度の高いものから取りかかるか、その逆にするかは、自分が集中しやすいほうでいいでしょう。

ひとつの作業にどのくらいの時間がかかるか、自分の処理能力を考えて計画することも大事です。その際、締切ギリギリに時間設定するのではなく、早めに仕上げるように計画すると、難航したり、予定外のことが起きた場合も安心です。

守るべきは期限。締切日を逃してしまうと、いくら頑張ってやっても意味がなくなってしまいます。

ただし、仕事の最中に別の仕事を頼まれることもあります。先に頼まれた仕事が必ずしも急ぎとは限りませんし、突発的な用件も多々発生します。どれから手をつけていいかわからなくなったら、抱え込まず、必ず上司に相談しましょう。

スケジューリングがうまくいけば、ムダを省けて効率も上がり、成果も上がります。

仕事のＴｏＤｏ化は、終わった作業を消していくと達成感がわいてやる気アップにつながったり、漏れを防ぐことになる点でもおすすめです。

### 優先順位の高い仕事

- 緊急で重要な業務（クレームなど）
- 締切がある、締切がせまっている仕事
- せっぱ詰まった問題
- 社外の人も関わっている仕事
- 事故処理、ミス対応
- 上司からの突発依頼事項



## ToDoリストで見える化

日々の業務もリスト化すれば、仕事のペースがつかめて、
スケジュール管理もうまくいく。

| | | |
|---|---|---|
| □ | ①○○様　見積書仕上げ・確認 | 15時まで |
| □ | ②○○ミーティング　資料コピー | 13時まで |
| □ | ③総務に交通費精算 | 16時まで |
| □ | ④送別会の予算確認 | 17時まで |

- 締切時間を書く
- 終わったら消していく
- 新しいことが加わったら書き足して、優先順位を再考

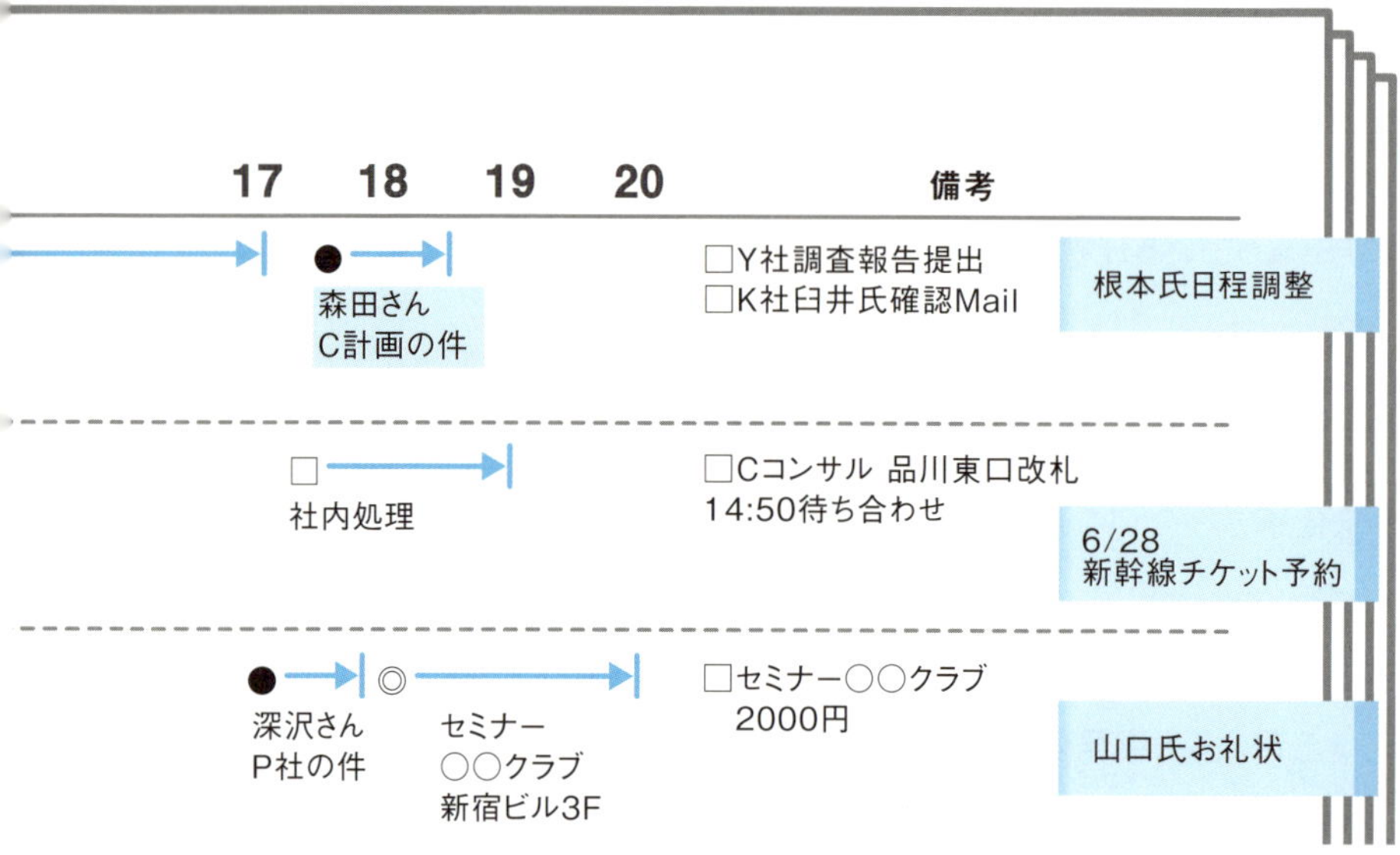


### ▼長期間にわたる仕事のスケジュールの立て方

長期にわたる仕事は、次のように最終期限から逆算して、短期スケジュールに落としていきます。

①最終期限を確認⬇②作業をリスト化、それぞれ必要とする日数、時間を割り振る⬇③最終期限から逆算⬇④短期締切を設定⬇⑤ほかの作業との調整⬇⑥短期スケジュールに割り当てていく

想定外の出来事や作業の遅れは必ず出てくるので余裕を見てスケジュールを組むのがポイントです。

### ▼スケジュールの立て方がうまくなる手帳活用術

人間の記憶力には限界があるので、やるべきことを手帳に書き出すのもオススメです。書くことで課題が整理され、目の前のことに集中できます。

その際、左ページのように記号や色、ふせんを使って情報を整理すると、やるべきことがわかりやすくなります。

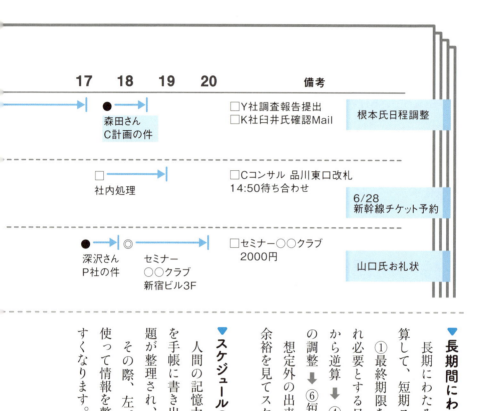

## 仕事がスムーズになる手帳活用法

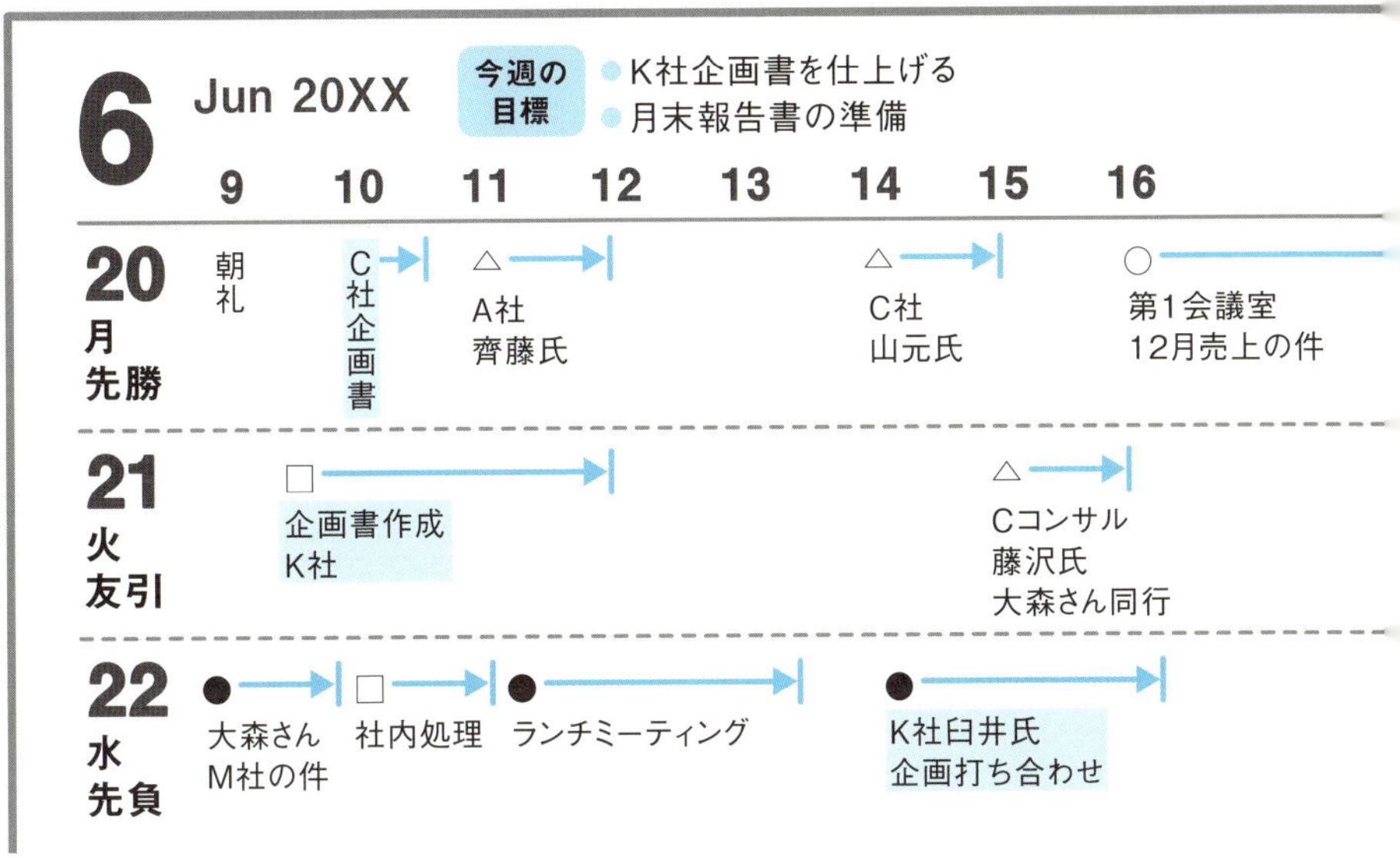


**・記号を使う**

会議や打ち合わせなど、決まった項目を記号で示すと一目瞭然。ただし、記号の数が多いとわからなくなるので注意が必要です。

例：○会議　●打ち合わせ　△訪問　◎研修　□社内　(え)営業部　(け)経理部　(そ)総務部　(B)部長　(K)課長　(S)主任

**・色分けする**

重要、必要、部の予定、社内予定などカテゴリーに分け、色で区別しておくと、優先度の高いものがどのくらいあるかひと目でわかります。

**・ふせんにメモ**

用事がすんだら忘れてもいいこと、今日すぐやることなどはふせんにメモして手帳に貼り付けると忘れずにすみます。用事がすんだら剥がしてすっきり。

10

# 会議では何か貢献をする

point

- 会議は得るものが多い貴重な時間
- 事前に資料を読み込んで質問を準備
- 新鮮な視点で発言しよう

## 「こんな意見、笑われるかも」と思わなくていい

会議は、仕事の流れのみならず、自社の展望や業界知識をつかむことができる貴重な場です。よく見ると、誰はどんな考え方をしているのかといったことも把握できます。

慣れないうちは緊張するものかもしれませんが、新人・若手にとっては、自分の存在をアピールするチャンスでもあります。機会があればぜひ参加して、学びの場にしましょう。

チャンスを得たら、会議の前に必ず資料を読み込み、何のための会議か、目的を把握して、疑問点や自分なりの意見を用意しておきます。

会議中は発言に耳を傾け、メモをとること。下ばかり見ていると聞いていないと思われるので、発表者に目を向けることも忘れずに。新人だからといって、ただ聞いているだけではいけません。素直な目線と現場の感覚で、積極的に発言しましょう。

上司は優秀さだけを求めているわけではないので、「こんな意見は恥ずかしい」と、思わなくても大丈夫。チームの一員として、フレッシュな立場で貢献すればいいのです。

## 一目置かれる議事録のまとめ方

仕事に慣れさせるという意味で、新人には議事録作成の役割が回ってくることがあります。

議事録は名前の通り、会議の記録です。参加者には備忘録として、欠席した人にも内容決定事項を明らかにするため、漏れのないように記録をとってまとめ、共有します。

作成を任されたら、必ずメモをとります。人の名前は記号化するとスピードアップ。また数字などは間違いやすいので、きちんと書き留めておくこと。

書類をまとめるコツは、誰が見ても会議の内容がわかるように仕上げること。決定事項や検討課題、補足事項などを具体的に明確に書くようにします。

### 【会議中、こんなときどうする？】

会議中に大切な取引先から電話がかかってきた。そんなときは「ちょっと失礼します」とひと言、周りに声をかけて、会議を中座します。

ただこれは、本当に急ぎのときの対応です。内容によっては会議を終えてから電話してもいいでしょう。

会議中でも携帯の画面をちらちら見る人がたまにいますが、これはご法度です。会議に集中していない印象を与えるので、新人のうちは急用があるときを除いて、携帯電話は会議室には持ち込まないほうがいいでしょう。

# 11 パソコンは会社のルールを守って使う

point
- 休憩時間でも私用で使うのは禁止
- 自分のパソコンは自分しか見ないわけではない
- 共有のデータは勝手にいじらない

## データの管理には最も気を配るべき

会社のパソコンは当然ながら仕事に使うものです。休憩時間であっても、私用でネット検索するなどはルール違反です。

自分のパソコンは自分しか見ないわけではありません。壁紙の変更などを許可している職場も多いようですが、パソコン画面は、上司や先輩はもちろん、ときにはお客様の目に留まる場合があります。会社のイメージを崩すような変更は控えましょう。

また、自分専用で使っていると公私の区別が薄れがちですが、ソフトのインストールやメモリーの増設も勝手にやってはいけません。必要なら、許可を得てからにします。

パソコンにたまった文書やデータの整理は、自分の端末だけにすること。共有のフォルダやサーバー内にある文書を勝手にいじると、周囲の人がわからなくなったり、消失の恐れがあります。

変更する場合は、権限者に頼むか、必ず許可を得てから関係各位に連絡しましょう。

## パソコン使用時にやってはいけないこと

NG

- 業務以外のホームページの閲覧
- 私用メールの送受信
- 壁紙など外観を変更
- 無許可でソフトをインストールする
- 周辺機器の接続などハードウエアの改造
- 無許可で共有データを変更する
- 身に覚えのないメールや添付ファイルを開く
- 信憑性の不確かなインターネットサイトを検索
- SNSに会社が特定できる情報をあげる

### ▼バックアップは必ずとる

データの消失を防ぐため、必ずバックアップはとるようにします。毎日やるのが理想的ですが、3日おき、少なくとも1週間に1回は必ず保存する習慣をつけましょう。

### ▼安易なクリックが損害を与えることも！

何気なく開いたメールでパソコンがウイルスに感染したり、SNSで何も考えずに仕事の話を書いて情報漏洩につながったなど、安易なクリックが会社に損害を与えることもあります。

インターネットで情報を集める際は、サイトの信憑性を考えて活用しましょう。

12

# デスクの整理整頓は、仕事の効率に直結する

point

- デスクの上に資料を積み上げない
- 引き出しの中は、使用頻度に応じて整理する
- 整理整頓されたデスクは、仕事への取り組み姿勢を表す

## ▼きれいな状態をキープするよう習慣づける

職場のデスクは、たとえ自分専用であっても個人のスペースではありません。片づけが苦手という人も、仕事の場はきれいにしておくべきです。

資料や文具などが乱雑に散らかったままだと、必要なものを探すだけで手間どってしまいます。余計な時間を省き、快適に効率よく仕事を進めるために、常に整理整頓を心がけましょう。

基本的にデスクの上は、電話とメモだけにして、何も置かないのがおすすめです。余計なものをたくさん置いていると、まず片づけることから一日を始めなくてはならなくなるからです。

本来デスクは、いま進行中の仕事のために使うべきところです。ほかの書類や資料等は、引き出しにしまって、必要なときに取り出して使うようにしましょう。デスクがすっきり整理されていると、職場全体もきれいに見えます。

資料や書類を整理するときは、案件ごとにファイリングするなどして引き出しに入れます。

ファイルの背表紙には案件名や顧客名を書いてお

き、背表紙を上にして収納しておくと、必要なときに必要な資料をすぐに取り出せます。

進行中の案件は、中央の引き出しなど取り出しやすい位置に。重要な書類は、カギのかかる引き出しへ入れるなどして取り扱いに注意しましょう。

使った資料は、そのつど、しまう癖をつけることも大事。ゴミもこまめに捨てるよう習慣づけると、いつもきれいな状態をキープできます。

### デスクのNG

NG

- 資料を積み上げている
- 資料が出しっ放し
- 私物が置いてある
- ホコリやゴミがたまっている
- 足元に荷物が置かれて、足の置き場がない
- デスクでメイク直しや私的な携帯メールをする
- ランチタイム以外に匂いの強い食事をとる

---

### 使いやすいデスクの条件

・デスクの上は、基本的に電話、パソコン、ペン、メモだけにしておく
・電話は利き手と反対側、パソコンは真ん中に置く
・メモとペンは利き手側（手元近く）に置く
・**中央の引き出し**：進行中の案件の資料や社内書類を入れる
・**右側の上段の引き出し**：文房具や名刺ホルダーなどよく取り出すものを入れる
・**カギのかかる引き出し**：貴重品や機密文書など重要なものを入れる
・**左側の大きな引き出し**：クリアファイルやバインダーを使って資料等を整理、背表紙を上に収納。案件名を書いておく。
・引き出しの中は、手前から進行中のもの、使用頻度の高い書類を入れる。

# Part 4

# 電話応対のルール

# 01 電話は積極的にとる

point
受話器は3コール以内にとる
電話の近くにメモを常備
自分宛でなくても最後に自分の名前を告げる

## 電話応対は迅速が基本

新入社員のなかには、今まで携帯電話ばかり使ってきたため、固定電話は使い慣れていないという人も多いようですが、電話は会社の顔であり、窓口となるものです。

かかってくる電話から、どんな会社が取引先か、上司や先輩の動きなど、さまざまなことが見えてきます。積極的に出るようにしましょう。

電話の近くには必ずメモを用意しておくこと。そして、できるだけ3コール以内に出ます。3回を超えると10秒以上お待たせすることになるので、「お待たせしました」という言葉から始めると、相手に与える印象は変わってきます。

## 好感を与える大きな明るい声

また、うつむきながら電話をとると、声がこもって聞き取りにくくなります。背筋を伸ばし、明るくハキハキと社名を名乗りましょう。

取り次ぎをスムーズにするために、出張に出ている人はいないかなど、課内の人の予定をチェックしておくことも大切です。

電話応対は、迅速・好感が基本です。顔は見えなくても、声の大きさ、トーンでこちらの表情は相手に伝わります。慌てず落ち着いて対応すると、相手も安心して話せます。

用件を受けたら、「○○が承りました」と、最後に自分の名前を忘れずに告げましょう。

## 電話での名乗り方

### 1 代表電話

はい、
○○社でございます

名乗り方は
会社のルールに従う。

### 2 直通電話

はい、○○社、
□□部でございます

慣れると早口に
なりがちなので注意。

### 3 内線電話

はい、□□部、
△△です

名前を名乗って
「お疲れさまです」と
言い添える。

## 電話応対の流れ

### ① 電話に出る

メモをとるため、利き手でないほうで受話器を持ち、電話に出る。

はい、○○社でございます

▶3コール以内で出られなかったら「お待たせしました」とお詫びのひと言を。

### ② 相手の名前を確認する

名前が聞き取れなかったら、「恐れ入りますが、お電話が遠いようなので、もう一度お願いします」と聞き直す。相手が名乗らない場合は、「失礼ですが、お名前を伺えますか?」と、社名と名前を確認する。

△△様でいらっしゃいますね、お世話になっております

### ③ 取り次ぐ

担当者の名前を復唱して確認。保留ボタンを押して取り次ぐ。

□□でございますね、少々お待ちくださいませ

**担当者が電話中の場合**

申し訳ございません、□□はただ今、別の電話に出ております

**担当者が不在の場合**

申し訳ございません、□□はただ今、(席をはずして)外出しております

## ④ 相手の意向を伺って確認

いかがいたしましょうか?

**折り返しの電話が必要かを聞く場合**

戻り次第、こちらからお電話いたしましょうか?

▶会社名、氏名、電話番号、希望の時間を確認。

**伝言の場合**

よろしければ、ご用件をお伺いしましょうか?

▶用件は必ず復唱してメモする。

わたくし、○○が承りました

▶自分の名前を名乗る。

## ⑤ 最後の挨拶

ありがとうございました

失礼いたします

## ⑥ 静かに切る

メモとともに担当者に素早く、責任をもって伝える。緊急の用件は、携帯電話に電話、会議中ならメモを差し入れるなど急ぎの対応を。

## 担当者が不在の場合の応対

状況に合わせた対応をしましょう。
不在理由は詳しく伝える必要はありません。

**1 トイレなど席をはずしている場合、社内にいることを確認**

あいにく○○はただ今、席をはずしております

△分後には戻ると思いますが、いかがいたしましょうか？

**2 電話中の場合**

申し訳ございません、○○はただ今、別の電話に出ております。終わりましたら、こちらからおかけ直しいたしましょうか？

**3 外出中の場合、戻り時間を伝える**

○○は外出しておりまして、△時に戻る予定です

戻りましたら、こちらからお電話いたしましょうか？

**4 会議、打ち合わせ中の場合、終わり時間を伝える**

あいにく会議に入っております。△時には終わると思います。お急ぎでいらっしゃいますか？

**5 退社後の場合、相手に判断を委ね、翌朝、担当者から電話をさせる旨を伝える**

あいにく本日○○は会社を出ております。明日こちらからお電話するようにいたしましょうか？

**6 出張中の場合、戻り日を伝える**

あいにく○○は出張中ですが、△日には出社いたします。いかがいたしましょうか？

**7 休み、休暇、欠勤の場合**

申し訳ございません、○○はお休みをいただいております。△日には出社いたしますが、いかがいたしましょうか？

**8 担当者が退職している場合、現在の担当者につなぐかを尋ねる**

申し訳ございませんが、○○は△月で退職しております。現在の担当者におつなぎいたしましょうか？

## 伝言メモの書き方

誰から電話があったか、
社名と名前を明記

いつ電話があったか、
時間を記す

　　　　　様

○○社　○○様よりTELあり　　○時○分
（用件）

折り返しお電話ください　とのこと
またかけ直してくださる　とのこと

○時○分　○○（自分の名前）受

用件は簡潔に

どう対応したかを書き添える

**ワンポイントアドバイス**

担当者のデスクのわかりやすい位置に置いて、
後で声をかけるなど、必ず伝わるようにする。
急ぎのとき、クレームが来ている場合など、
相手の様子も伝えれば、担当者が迅速に対応できる。

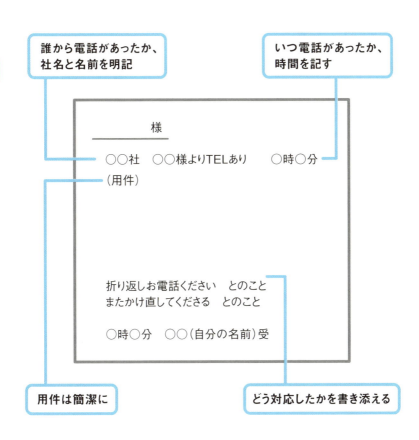

# 02 電話は相手の時間をいただくもの、準備してからかける

point
電話番号、相手の部署、名前を確認してかける
用件は事前にまとめておく
相手の都合を考えてかける

## かける時間にも心配りが必要

電話は相手の作業を中断させ、時間をいただくものです。

慣れないうちは、順序よく話せるように、箇条書きでメモしてから電話をすると、用件を言い漏らすこともなくなります。また、必要な書類や資料も手元に揃えておくと、相手を待たせずにすみます。準備してからかけましょう。

かける時間にも心配りすべきです。忙しい時間帯やランチタイム、就業時間外にかけるのは避けましょう。

やむを得ず、その時間にかける場合は、「お昼どきに申し訳ありません」「遅い時間に失礼します」と、ひと言お詫びしてから話すようにします。

電話を切るときは、かけたほうから先に受話器を置くのが原則ですが、取引先やお客様、目上の人との電話の場合は、相手が切るのを待ってから静かに切ります。また、途中で切れた場合は、かけたほうからかけ直します。

## 電話のかけ方　基本的な流れ

**1 話す用件、順序をメモする**

▼必要な資料も用意

**2 相手の名前、電話番号を確認してかける**

**3 挨拶**

▼こちらの会社名と名前を名乗る。

○○社の□□と申します。
いつもお世話になっております

**4 話したい相手を名指しする**

△△課の＊＊様は
いらっしゃいますか？

**5 挨拶し、用件を伝える**

お世話になります、○○社の□□です

▼「今、お時間、よろしいでしょうか？」と
聞くとより丁寧。

早速ですが、◇◇の件で～

と用件を述べる。

**6 用件のポイントの確認**

～ということで、よろしいでしょうか？

**7 挨拶して、受話器を置く**

ありがとうございました、
よろしくお願いします。失礼いたします

### 相手が不在なら自分からかけ直す

相手が不在の場合は、①こちらからかけ直す、②折り返し相手にかけてもらう、③伝言だけお願いするという3パターンになります。

こちらの用件で電話している場合は、かけ直すのがマナー。「何時頃お戻りになりますか？」と、戻り時間を聞いておくと、たびたびかけ直す手間が省けます。「その頃にまたお電話させていただきます」と、取り次ぎの人に伝えましょう。

ただし、自分も外出する場合は、「わたくしも外出いたしますので」と、かけ直す時間を伝えること。

相手の戻り時間がわからない場合や、急ぎで折り返しの電話がほしいときは、「お忙しいところを恐れ入りますが、お電話をいただけますでしょうか」と、低姿勢で伝言をお願いします。どんな用件なのか、急いでいる旨なども伝えておくとよいでしょう。

伝言だけをお願いする場合も、相手の負担になることなので、「ご伝言をお願いできますか？」と礼儀正しくお願いします。

いずれの場合も、改めて自分の社名、名前を名乗り、必要に応じて電話番号を伝えて、取り次いでくれた人の名前を伺っておきます。

ちょっとした挨拶や急ぎでない場合は、「○○から電話があった旨だけお伝えいただけますでしょうか」と、改めてこちらから電話することを伝えればいいでしょう。

また、営業などで面識がない相手にかける場合は、「初めてお電話いたします」と、ひと言言い添えましょう。相手が忙しそうな様子だったり、内容が複雑な場合は、ダラダラ話すのは厳禁です。ひとまずポイントだけ伝えて、改めてメールで連絡するようにします。

# 電話のやりとり　相手を気づかう言い方

## 相手が不在の場合

- 再度かけ直す場合、戻り時間を聞く

何時頃にお戻りでしょうか?
改めてその頃にこちらからお電話いたします

- 折り返しの電話を頼む場合、丁重に依頼する

恐れ入りますが、お戻りになりましたら、
お電話をいただけますか?

- 伝言を頼む場合

お手数ですが、ご伝言を
お願いできますか?

伝言をし終えたら、

失礼ですが、お名前を
伺ってもよろしいでしょうか?

と相手の名前を聞く。

## 面識がない相手に、初めてかける場合

初めてお電話いたします

とひと言添える。

## 用件が複雑だったり、相手が忙しそうな場合

簡潔に要点を話して、詳細はメールを送るなどするとよい。
かけ直すときは、都合のよい時間を聞く。

03

# 携帯への連絡は相手のことを考えてかける

point

- 必ず電波を確認してからかける
- 固定電話以上に相手に配慮する
- いきなり携帯電話にかけるのはＮＧ

## 「今、お時間よろしいですか？」の確認から

携帯電話は仕事の必需品になっていますが、いつでもかけられる、受けられるからといって、どこでも自分の都合を優先して話していいわけではありません。

名刺に携帯電話が記載されている場合もありますが、ビジネスの場ではまず固定電話が基本です。ただし、外回りが多く、携帯電話での連絡を好む人もいるので、「電話は携帯に」と言われたら、携帯電話にかけてもかまいません。

通話は、駅中のうるさい場所や人の多い場所は避けて、必ず静かなところでかけます。通話が途切れやすそうな場合は、「携帯電話からですみません」と事前に告げて、「今、お時間よろしいでしょうか？」と、相手の都合を必ず確認します。

込み入った用件を話したときは、後からメールで「先ほどのお電話の件ですが、わたくしどもの部長から御社の□□様に直接お電話でお話しさせていただいただくということで間違いございませんでしょうか？」などと確認して、聞き間違いを防ぎます。

## 携帯電話、こんなときどうする?



### 商談中

お客様との商談中に
電話がかかってきた!

電話を切っておくのが基本。商談は、目の前のお客様が最優先。

### 社内のミーティング中

会議や社内ミーティング中

マナーモードにして、重要な相手や急ぎの用件のみ、席を立って対応する。

### 勤務中

勤務中、個人の携帯電話は
どうする?

デスクに置かずカバンにしまって、プライベートな利用は極力避ける。急ぎの用件なら部屋を出て対応し、昼休みや終業後にかけ直す。

### お客様から担当者の番号を聞かれた

お客様から社内の人の
携帯電話番号を聞かれたら?

会社支給の携帯なら教えてもよいが、むやみに教えるのはNG。基本は「こちらで連絡をとってお電話を差し上げるよういたします」と対応する。

04

# クレーム電話は素早く上司にバトンタッチが正解

point

- クレームとわかったら声のトーンを下げ、聴く姿勢を伝える
- お客様の話を聞いて、お詫びの言葉は丁寧に
- その場であいまいな回答はせず、迅速に上司に取り次ぐ

## ▼メモをとって上司にすぐ報告する

新人にとって、クレーム対応はハードルが高いものです。しかし電話に出ていれば、クレーム電話を受ける機会も出てきます。

通常の電話応対は明るい声が基本ですが、内容がクレームとわかったら、声のトーンを落として謝罪の気持ちを表します。

「さようでございますか」「大変申し訳ございません」とお詫びの言葉を述べたら、クレームの内容を聞き取ることに集中して、どういう状況なのかを伺います。自分で無理に対処法を提案しようとせず、速やかに上司にバトンタッチします。

たとえば「届いた商品が壊れていた」という苦情なら、いつ届いたのか、何の商品か、どういうふうに破損しているのか、お怒りなのかどうかを正確に把握すること。ここでの聞き取りによって対処法が決まってくるので、必ず復唱をして内容を確認します。

慌てないで、きちんとメモをとって、相手の名前と連絡先を聞くのも忘れずに。丁寧に電話を切ったら、急いで上司に報告しましょう。

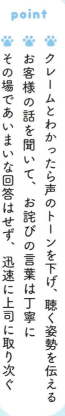

## クレーム電話を受けた場合の流れ

1. クレームとわかったら、少しずつ声のトーンを下げる
メモの用意をする

2. 「さようでございますか、申し訳ございません」とお詫び

3. 「どのような状況か、お伺いできますでしょうか」
何の苦情か、簡潔に伺ってメモをとる
例 届いた商品へのクレームの場合、商品名・届いた日時・どんな状況か

4. 相手の名前と連絡先を伺ってメモする

5. 自分の名前を伝え、挨拶をして静かに切る
「担当の者からすぐにご連絡いたします」
「わたくし○○が承りました」
「失礼いたします」「ありがとうございました」

6. 素早く上司に報告する

### クレームには会社単位で取り組む

クレームの発生
▼
“適切な対応”
▼
お客様満足
▼
再購入、再取引につながる

「もっと改善してほしい」
→「ありがとう」「またお願いするわ」

05

# クレーム対応での注意ポイント

point

自分の推測であいまいに答えてはダメ
自分勝手な対応はしない
「すみません」の連発もかえって怒りを大きくする

### ▼あいまいな対処がピンチを招く

クレームには、「これだけは避けたいＮＧ対応」があります。知っておきましょう。

まずは対応が遅いこと。電話を受けて苦情内容を聞いたら、もたもたせず、すぐに上司に報告してバトンタッチしてください。

あいまいな対応もＮＧです。状況がはっきりわからないのに、憶測で答えてしまうと、後になって、余計な問題まで招いてしまいます。

「よくわかりません」と答えるのもＮＧ。「どうなってるの？」と聞かれたら、「申し訳ございません」とお詫びした後、「状況を確認してご連絡いたします」と答えましょう。

「すみません」と、同じお詫び言葉を繰り返すのも状況を悪化させます。相手は問題を解決して欲しいのであって単に謝ってほしいわけではありません。

相手を怒らせないためには、批判せず、抵抗しないこと。明らかに相手が間違っていたり、無理難題を言っているようなクレームでも、「それは違います」と否定せず、相手の話に耳を傾けてください。

## クレーム対応でのNGワード

たぶん　一応　たしか～だと思います

あいまいな表現は不信感を招く。

申し訳ないと思っていますが……

「～ですが」は言い訳に聞こえる。「申し訳ございません」でいったん言葉を切って、「当社といたしましては～」「こちらで確認をしまして～」と次の言葉につなげる。

申し訳ございません　を繰り返す

同じお詫び言葉を繰り返すと、バカにされているように聞こえる。

本当ですか?　お客様の勘違いではありませんか?

どのようにお使いになりましたか?

相手を疑っているように感じられる。

よくわかりません　はぁ、そうですか……

無責任な言い方は、相手の怒りを招く。

どちらにお電話おかけですか?　ちょっと待ってください

でも～　しかしですね～

話を中断したり否定するのも怒りを増す原因に

## 「すみません」だけじゃない、謝罪の言葉

申し訳ございません

お手数をおかけいたしました

ご迷惑をおかけし、お詫び申し上げます

ご面倒をおかけして、申し訳ありませんでした

心苦しく思っております

# Part 5

# 文書・メール・SNS のルール

01

# ビジネス文書は会社のルールに従って作る

point

- ビジネス文書は大別して3種類
- わかりやすさと正確さが要
- 社内のフォーマットを利用する

### ▼わかりやすい文章ですっきりとまとめる

仕事で作成される文書を「ビジネス文書」といいますが、種類は大きく分けると3つ。「社内文書」「社外文書」「社交文書」です。

「社内文書」は、報告書や議事録、計画書や稟議書、申請書など、社内の閲覧や手続きで必要な文書。「社外文書」は注文書、見積書、提案書、請求書など社外とのやりとりで使うもの。「社交文書」は、挨拶状やお礼状、招待状のことです。

社会人になると、ほぼ毎日、ビジネス文書を作成することになります。学生時代もレポートや論文など文章を書くことはあったでしょう。しかし、ビジネス文書には、ビジネス特有のルールやマナーがあります。それを習得しないと、自身の評価はもちろん、会社の評価や信頼にも影響を与えます。

まずはサイズ。社内文書も社外文書もA4サイズの横書きで、ひとつの文書に1案件が基本です。

ポイントは、誰が見ても内容がすぐ正確にわかること。日付や社名・部署・担当者名の明記、タイトルをつけるなど基本ルールがありますが、会社ごとに独自のルールがありますから、自社のフォーマットを使って作成しましょう。使いやすいもの、よく使うフォーマットはパソコンに保存しておくと、文書を書く時間も短縮され、記載漏れも防げます。

## 社内文書は効率を優先して正確・簡潔に書く

報告書や会議の議事録など、社内文書は関係するメンバーに、用件を早く、正確に伝達するものです。ですから、効率を優先して簡潔に書くのが大前提。

・儀礼の挨拶、前置きは不要
・基本はA4サイズ1枚にまとめる
・社内のフォーマットを利用する

## 社外文書は会社からの意思として出す文書

社外文書は、会社を代表して作成するもの。先方は会社からの意思として受け取るので、正確に・わかりやすく・丁寧に、を意識して作成します。

「拝啓」「敬具」といった頭語と結語には正しい組み合わせがあるので間違えないように。文頭には時候や安否、感謝の挨拶も必要です。

・頭語・結語・挨拶を忘れずに
・挨拶は、時候・安否・感謝の3種類

## 社交文書は格式が大事

「社交文書」は、仕事でのコミュニケーションや信頼関係を深めるものなので、礼儀正しく作成すべきです。格式が大事なので基本は縦書き。はがきより封書のほうが格上です。季節の挨拶文やお礼状、お見舞い状は自筆で書くとより思いを表現できますが、苦手なら文末に手書きで一筆添えるだけでもいいでしょう。お礼状は出すタイミングも逃さないように。

・定型、形式に沿って書く
・基本は縦書き、礼儀正しい敬語で表記
・思いを表現するには、自筆で一筆を添える

## 文書作成の基本ルール

### 1 書き方　判型（サイズ）

整理・保存しやすいように、横書きの「A4判」で、なるべく1枚におさめる。1案件に1文書が基本、全体を200字程度で要約する。補足データが必要な場合は、別途資料として添える。文字の大きさは10.5〜11ポイント、12ポイントが標準。

### 2 件名（タイトル）

ひとめで何の文書かわかるような件名をつける。短く、完結に、長すぎるのはNG。

### 3 定型文を利用

会社の文書は、大半が書式も決まっているので、社内のフォーマットを利用する。自分でも過去の文書を保存・管理して、必要に応じて書き分けると、文書作成の時間が短縮できる。

### 4 最初に結論を明記

読む人が大事なポイントをすぐに把握できるように、結論を最初に示す。詳しい内容や経緯などは、その後に簡潔に書くほうが伝わりやすい。

### 5 センテンスは短く

内容を早く理解できるように、ひとつのセンテンスは30〜50文字以内で。余計な接続詞は省いたほうが読みやすい。内容に沿って改行を入れて、すっきり整理する。

### 6 箇条書きを活用

わかりやすくするため、同列の内容がある場合は、無理に文章にまとめず、ポイントごとに箇条書きにする。

## 社内文書例のポイント解説

❶ 第123号
❷ 20XX年10月1日

❸ 支店長各位

❹ 総務部長　鈴木一郎

❺ 来年度の販売方針について

❻ 著しく外的環境が変化している折から、来年度の販売目標を達成するため、販売戦略の説明かたがた各位の率直なご意見をお聞かせ願いたく、下記のとおり支店長会議を開きます。ご出席ください。

記

❼
1 日時　20XX年12月1日（火）10:00～17:00
2 場所　本社第二会議室
3 課題　来年度の販売戦略の策定について

なお、会議終了後18:00よりチヨダホテルで懇親会を行います。

以上

扱者　田中　内線50

### ❶文書番号
書類管理のためにつける。社内文書は省略する場合も多い。

### ❷日時
日時は作成日ではなく、発信する日付を入れる。

### ❸宛先
左肩に明記。敬称は基本的に「様」。複数の場合は「関係各位」「○○部各位」などとする。

### ❹発信部署と名前
発信者の部署と役職、名前を右上に明記。連絡しやすいよう、内線番号やメールアドレスを加える場合もある。

### ❺件名
「○○の件」とひと目でわかるよう短い件名に。本文より大きめで左右の中央に入れる。

### ❻本文
社内文書は原則として、挨拶や前文は省き、いきなり用件に入る。敬語は最小限にして、「です、ます」調で書く。

### ❼別記
「記」と記載し、必要な情報を箇条書きでわかりやすくまとめる。返事が必要な内容なら、担当、問い合わせ先として、担当者の部署、内線、メールアドレスを記載する。最後は「以上」で締める。

## 社外文書例のポイント解説

❶ 第12345号
❷ 20XX年12月

株式会社XYZ企画
❸ 総務部　課長
田中　二郎様

かんき企画株式会社
❹ 代表取締役　山田　一郎

❺ 年末年始の営業日のご案内

❻ 拝啓　貴社におかれましては、ますますのご清栄のことと心よりお慶び申し上げます。また平素は格別のご高配を賜り厚く御礼申し上げます。

❼ 早速ではございますが、年末年始の営業日を下記の通りご案内申し上げます。甚だ勝手ではございますが何卒ご了承の上、万障お繰り合わせいただきますようよろしくお願い申し上げます。
本年中のご愛顧に心より御礼申し上げますとともに、明くる年も変わらぬご指導ご鞭撻のほど、よろしくお願い申し上げます。

敬具
❾

記

❽
12月29日　平常通り
12月30日　営業終了（終了後、全体納会）
12月31日　休業
1月1日〜3日　休業
1月　4日　通常通り営業

❿ 以上

### ❶文書番号
文書番号をつけると、検索時や管理に便利。

### ❷日付
作成日ではなく発信日を記載。

### ❸宛先
社名は省略せずに書く。社名、部署名、役職名、氏名、敬称の順に記載する。漢字の表記など名称の誤りは厳禁。社名、部署名の変更がないか、最新の名刺と突き合わせて確認する。

### ❹発信者名
社名、部署名、役職、名前を明記。必要に応じて、電話番号やメールアドレス等も記載する。重要書類には押印が必要。

### ❺件名
「ご案内」「○○の件」など簡潔に。本文より大きい文字で、左右の中央に記す。

### ❻前文、頭語、時候、感謝の挨拶
「拝啓」などの頭語の後、1字あけて時候の挨拶、その後、前文（安否の挨拶・感謝の挨拶）を入れる。

### ❼主文
段落を変えて、「さて」などの起こし言葉を入れて用件を書く。敬語は必須だが、過剰表現にならないようわかりやすく。

### ❽別記
同列の内容などは本文と別に記入。わかりやすく箇条書きにする。

### ❾末文
末尾の挨拶を書き、「敬具」などの結語を入れる。結語は頭語に合わせる。

### ❿最終結語
「別記」がある場合は、「以上」で締める。

## 社交文書例のポイント解説

20XX年12月10日

XYZ印刷株式会社
第一営業部　部長
山田　香様

❶
拝啓　寒さ厳しき折、貴社におかれましてはご清栄のこととお喜び申し上げます。
平素は格別のご高配を賜り、厚く御礼申し上げます。

❷
さて、このたびは大変結構なお品をご恵贈いただき、誠にありがとうございました。部員一同、「初めていただく」と大喜びで、有難く頂戴しました。厚く御礼申し上げます。

これからも御社の信頼にお応えできるよう、日々努力してまいります。引き続きご指導のほど、よろしくお願い申し上げます。

寒さはこれから本番のようです。みなさま、どうぞご自愛くださいませ。

❸まずは略儀ながら書中を持ちまして、御礼申し上げます。

敬具

かんき企画株式会社
商品企画部　鈴木一郎

### いただいたお歳暮へのお礼状

贈り物をいただいたら、4〜5日以内にはお礼状を出す。

**❶前文、頭語、時候、感謝の挨拶**

「拝啓」などの頭語の後、1字あけて時候の挨拶、その後、前文（安否の挨拶・感謝の挨拶）を入れる。

**❷本文**

「さて」「つきましては」などの言葉で始めてお礼の言葉へ。お礼を言うべき事柄は具体的にはっきり書く。できれば「初めて食べて感動しました」などと感想もひと言添える。

**❸末文**

「ありがとうございました」と感謝の言葉の後に「まずはお礼まで」など、の締めくくりの言葉を添えて終える。

## 頭語と結語の組み合わせ

| | | |
|---|---|---|
| 一般的な文書 | ➡ 拝啓 | ➡ 敬具 |
| より丁寧な場合 | ➡ 謹啓 | ➡ 謹白 |
| 緊急の場合 | ➡ 急啓 | ➡ 草々 |
| 返信の場合 | ➡ 拝復 | ➡ 敬具 |
| 前文(時候の挨拶)を省略する場合 | ➡ 前略 | ➡ 草々 |

## 前文の例

**▶安否の挨拶**

貴社ますますご清栄のこととお慶び申し上げます

(「ご清栄」の言い換え
➡ご発展、ご清祥、ご隆盛)

**▶感謝の挨拶**

平素は格別のご高配を賜り厚く御礼申し上げます

(「格別の」の言い換え
➡ひとかたならぬ、格段の)

(「ご高配」の言い換え
➡お引き立て、ご愛顧、ご厚情)

## 末文の例

・まずはお願い申し上げます

・まずは取り急ぎご連絡申し上げます

・ご査収のほど、よろしくお願いいたします

・折り返し賜りたくお願い申し上げます

・今後ともご指導を賜りますよう、よろしくお願い申し上げます

## 敬称のつけ方

| | | |
|---|---|---|
| 団体 | ➡ 御中 | ➡ 株式会社○○御中 |
| 役職名 | ➡ 殿 | ➡ 営業部長殿 |
| 個人名 | ➡ 様 | ➡ 営業部○○○○様 |
| 複数(同格の人々へ同文を出す場合) | ➡ 各位 | ➡ 株主各位、関係各位 |

Part 5
文書・メール・SNSのルール

## 時候の挨拶例　相手への気遣いを込めて季節に沿って表現を変える

### ▶1月（睦月）
新春の候　酷寒の候　寒さはまだこれから　寒気厳しき今日この頃

### ▶2月（如月）
晩冬の候　余寒厳しき折　立春とは名ばかりで
梅のつぼみもふくらみ始めたこのごろ

### ▶3月（弥生）
早春の候　寒気もようやくゆるみ　ひと雨ごとの暖かさ
寒さ暑さも彼岸までと申しますが

### ▶4月（卯月）
陽春の候　春たけなわ　花もいつしか散って若葉の光も爽やかと相成り

### ▶5月（皐月）
薫風の候　新緑の候　風かおる今日この頃　吹く風も夏めいてまいりました

### ▶6月（水無月）
梅雨の候　初夏の候　梅雨空のうっとうしい毎日
今年はとりわけ気候が不調で

### ▶7月（文月）
盛夏の候　炎暑の候　梅雨明けの暑さ　暑さは日ごとに増し　爽快な夏

### ▶8月（葉月）
残暑の候　残暑厳しき折　立秋とは名ばかりで、暑さはまだ続きそうですが

### ▶9月（長月）
初秋の候　新涼の候　台風一過　快適な秋晴れが続いております

### ▶10月（神無月）
秋冷の候　仲秋の候　昨今は日足も短くなり　秋もずいぶん深まり

### ▶11月（霜月）
晩秋の候　霜冷の候　目も覚めるばかりの鮮やかな紅葉

### ▶12月（師走）
寒冷の候　年の瀬も押し迫り　何かと心せわしい昨今　寒気厳しき折

02

# 封筒は文書の顔、省略せずルールに従って書く

**point**

- 社名は省略せずに書く
- 表書きには内容も書く
- 裏書きは所属も忘れずに

### ▼和封筒は縦書き、洋封筒は横書きが基本

封筒は文書の顔となる重要なものです。受け取った相手に好印象を持ってもらえるよう、文字配置を考えて、丁寧に書きましょう。

社名は、（株）と略すのではなく、株式会社と書き、部署名まできちんと明記します。個人宛の場合は○○○○様、会社や部署など団体宛の場合は○○御中と記します。場合によっては、表書きの左下に「親展」「重要書類」など内容を示す外脇付を朱書きで入れます。

裏面の差出人表記も、郵便番号や所属まできちんと書きます。裏面の右下部に住所、左下に社名、所属、名前を入れるのが正式ですが、左下にまとめてもいいでしょう。

横書きの場合は、中央下部にまとめて書きます。投函日は裏面の左上に入れます。

ラベルや印字の場合も書き方は同じです。

封筒ひとつでも、折れたり、ラベルが曲がっていては雑な印象を与えます。細かいことでも丁寧に取り扱う心持ちが大事です。

# 知っているようで知らない正しい表書きと裏書き

## 縦書き

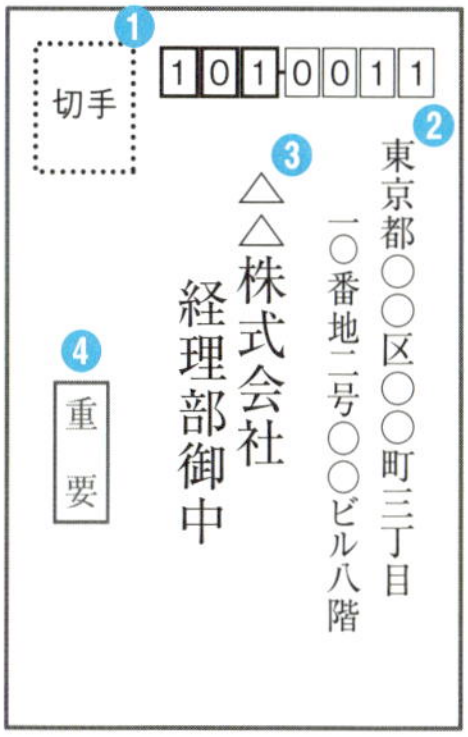


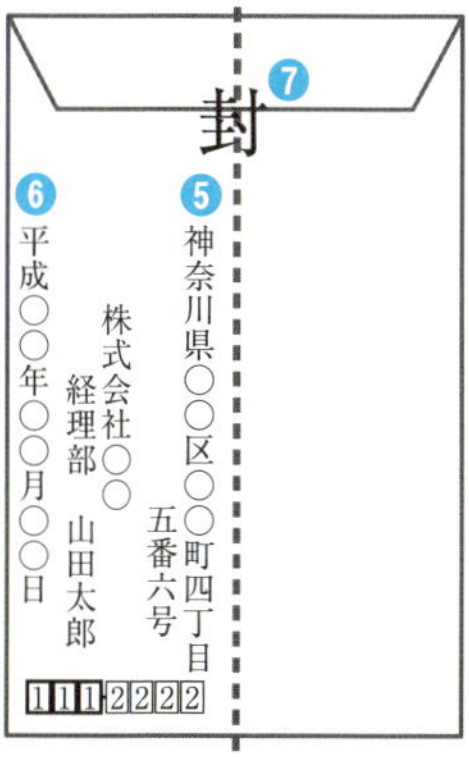


### 【表書き】

**❶ 郵便番号**
アラビア数字で記入。「1」と「7」、「0」と「6」などは判読しにくいのできっちり書く。

**❷ 住所**
郵便番号の末尾2桁の位置の下に、宛名より小さめに書く。1行でおさまらない場合はキリのいいところで改行。数字は漢数字。都道府県名は省略しないほうが丁寧な印象になる。

**❸ 宛名**
会社名、部署名、肩書きは住所よりやや大きめに、名前はそれよりも大きく、封筒の中央に書く。

敬称は個人宛は○○○○様、会社や部署宛は御中。

**❹ 外脇付（内容表示）**
「親展」（宛名の本人が開封するもの）
「重要」（重要書類）
「請求書在中」（内容物を示す）
小さく朱書きで書くか、赤線で囲む。ゴム印でも可。

### 【裏書き】

**❺ 差出人**
中心線の右側に住所、同じく左側に社名、部署名、名前を記入する。左側の郵便番号の上にまとめて書いてもよい。住所や社名が印刷されている社用封筒なら部署名と名前だけ記入する。

**❻ 日付**
左上に投函日（発信日）を表記。

**❼ 封締め**
テープで止めず、のり付けする。しっかりと封をしたという意味の「〆」「封」「締」と記すか印を押す（あらたまった文書の場合は「封」「緘」）。

## 横書き

### 【表書き】

**❶ 郵便番号**
位置は、住所の書き出し位置と揃える。

**❷ 住所**
住所数字はアラビア数字で記入。

**❸ 切手**
右上に貼る。

### 【裏書き】

**❹ 差出人と投函日**
封筒の下部中央に郵便番号、住所、社名、部署名、名前を記入。日付は左上に。

## 返信用はがきの記入例

### 表書き

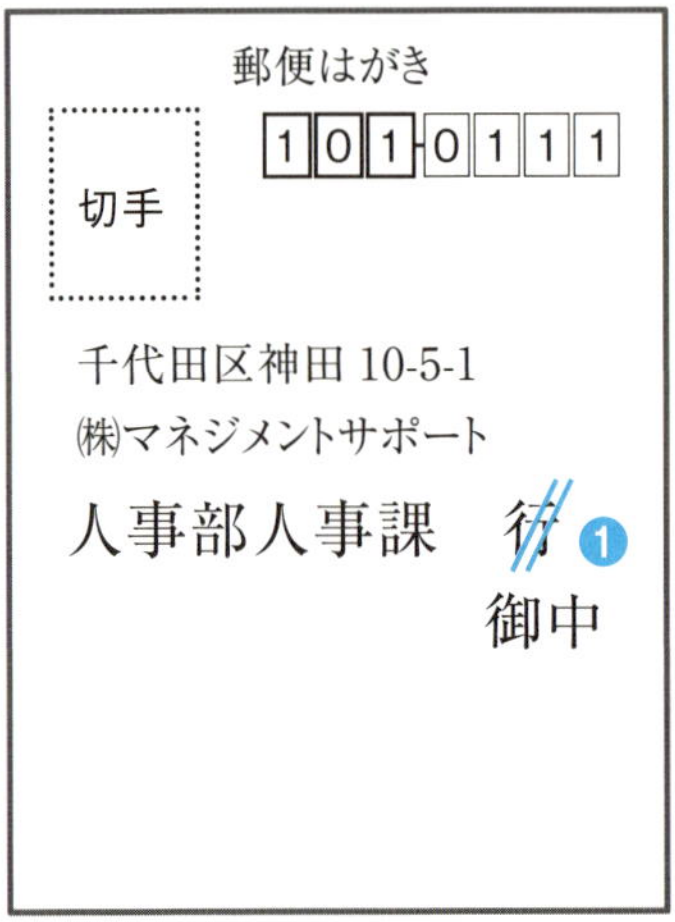


❶「行」「宛」を二重線で消し、「御中」「様」と書く。

### 裏書き

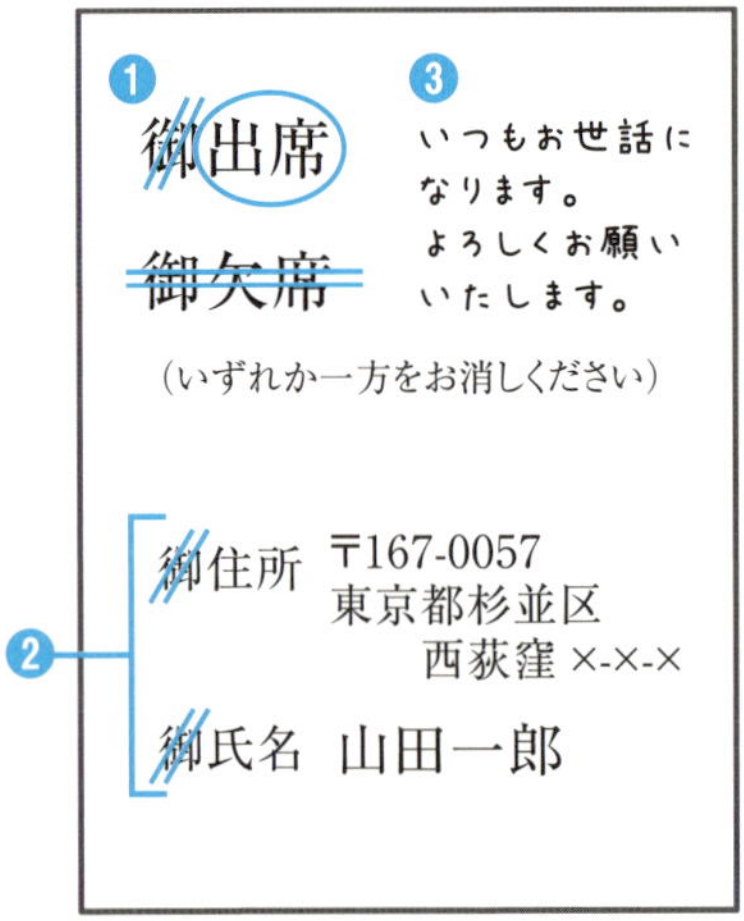


❶「出席」「欠席」を○で囲むだけでなく、敬意を込めて一文添えると印象アップ。

❷「御」は二重線で消す。

❸「お世話になります。よろしくお願いします」「楽しみにしております」などひと言書き添える。

## 文書の正しい折り方

縦型（長形3号）の封筒に入れる場合は、
A4サイズの書類を3つ折りにするのが一般的。

### 片観音折り

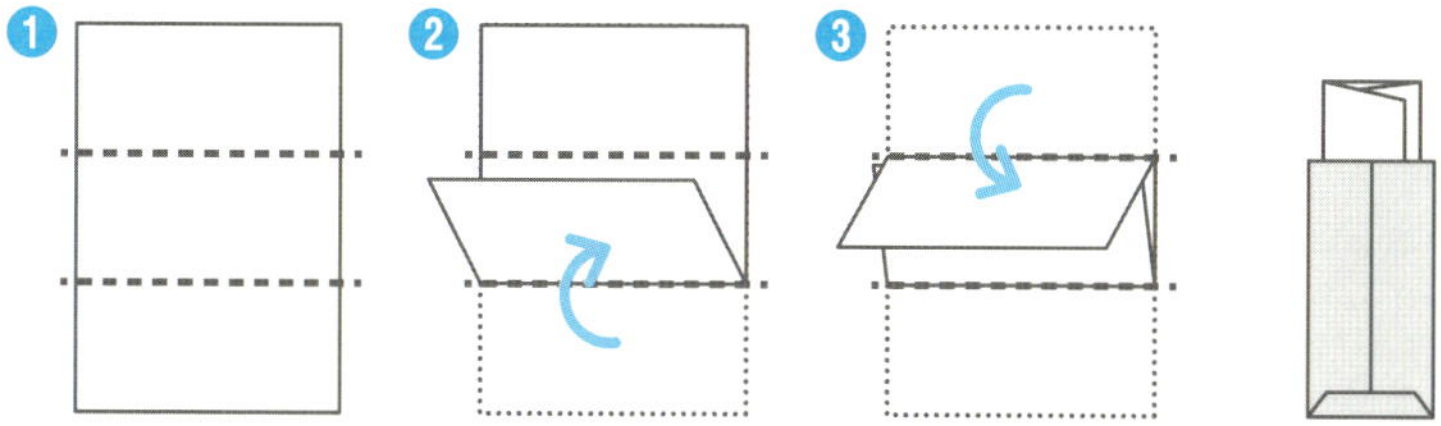

❶ 文書が内側になるよう、3等分に折り目をつける

❷ 下3分の1を内側に折る

❸ 上の3分の1を②にかぶせるよう折りたたむ
（紙を開くまで内容を見せないようにする。縦書きの場合も書き出しが上になり、読みやすくなる）

### Z折り

DMやチラシなど中身を見せたい場合に効果的

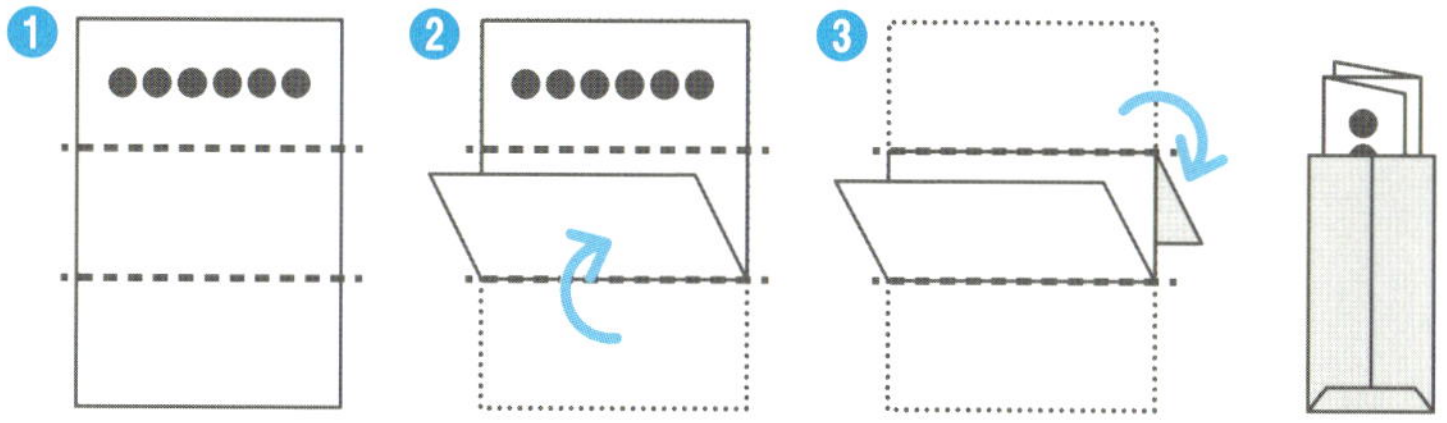

❶ 文書が内側になるよう3等分に折り目をつける

❷ 下3分の1を内側に向けて折る

❸ 上3分の1を外側に向けて折りたたむ

03

# メールのマナーを押さえる

point

内容がすぐわかる件名をつける
ダラダラと長いのはNG
情報漏洩、ウイルスにも要注意

### ▼便利なだけに使い方には注意が必要

頻繁にやり取りされるメールでは、時候の挨拶など儀礼的な文章は不要ですが、くだけた表現は禁物。メールは情報の保管、共有としても使われ、後に残るもの。相手がどう受け止めるか、配慮が必要です。慣れないうちは、上司や先輩からメールの文例をもらって参考にするとよいでしょう。

件名は、「6月10日の打ち合わせ資料の件」「A商品の発注数量の確認です」といったように、ひとめで内容がわかる書き方を心がけます。

文面は結論を先に書いて、簡潔・的確に。長いメールは相手にストレスを与えます。基本は1メール1用件です。

メールは、都合のよいときに送信できる、複数の相手に送ることができるなどの便利さもある反面、いつ読んでもらえるかわからない、文字化けするなどのデメリットもあるので注意して使うこと。

機密事項はむやみに送らない、ウイルス対策をする、重いデータを添付する場合は専用ツールを使うなど、情報漏れ対策も怠らないようにしましょう。

# ビジネスメールの書き方の基本

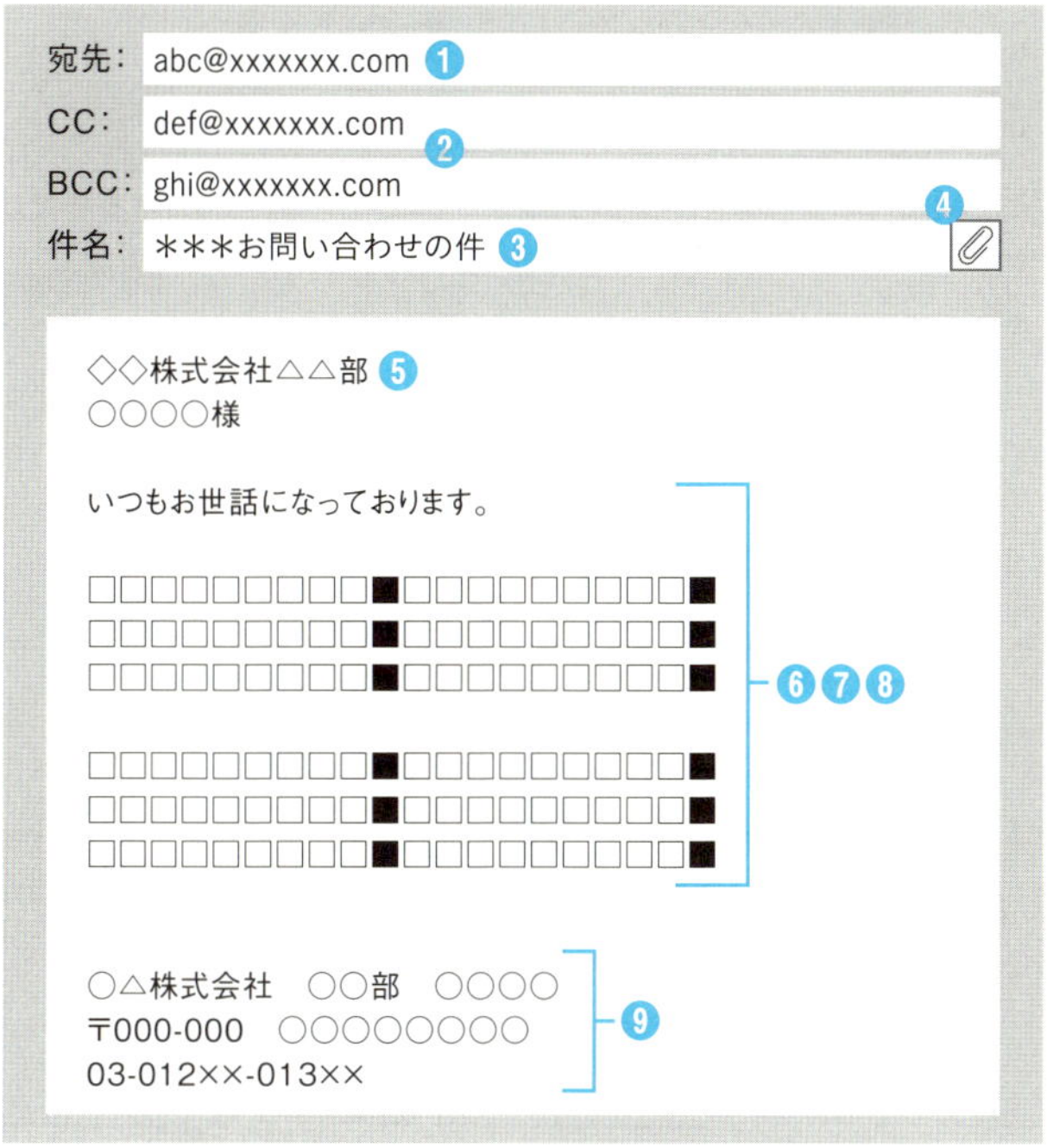


**①宛先**
アドレスの入力ミスに注意。頻繁にやり取りする相手はアドレス帳に登録。登録の際、社外の相手には役職や「様」の敬称を忘れずに。

**②複数メールのとき**
アドレスの公開に注意。CCは送った相手に全員にアドレスがわかり、BCCは自分以外の誰に送られたかわからない機能。状況に応じて使い分ける。

**③件名（タイトル）**
件名だけで何の内容かわかるように書く。頭に、緊急・重要などを書き加えてもよい。相手のアクションが必要な場合は明記する。「おはようございます」など挨拶を件名に入れるのはNG。

**④添付ファイル**
ファイルを添付する場合は、本文に明記する。ファイルのサイズはコンパクトに。重いファイルを送る場合は、専用ツールを活用する。ファイルのセキュリティチェックも怠りなく。

**⑤宛名**　社名、部署は省略せずに書く。

**⑥本文冒頭**
定型の挨拶文を入れて自己紹介。社名と名前だけでよい。初めての相手には、「初めまして、○○社○○部の○○○○と申します」と丁寧に。

**⑦本文入力時のポイント**
読みやすく▶20〜25字程度で改行。複数の用件は箇条書きに。長くなる場合は、添付ファイルを利用する。3〜5行をひと段落にして1行あける。

簡潔に▶1文を短く（20〜40字）。5W2Hで内容を明確にする。「お返事お待ちしています」など相手に期待するアクションを明記。互いに熟知している場合以外は、専門用語は避ける。

使用する機能▶テキスト形式で送る。

相手の了解を得ずに「受信確認」はつけない。

**⑧締めの言葉**
簡単な言葉でよいのでひと言添える（149ページ参照）。

**⑨署名**
連絡先がわかるよう、文末に必ずつける。社名、部署、氏名、連絡先などコンパクトにまとめる。

## 文字化けメールにならないために

メール本文には、字体などを変えられる「HTML形式」とシンプルなテキストだけの「テキスト形式」があります。文字化けなどのトラブルを防ぐには、テキスト形式で送信します。

以下の機種依存文字や記号も文字化けを招きやすいので、メール本文では使わないようにしましょう。

・①などマル付きの数字
・(1)などかっこ付きの数字
・Ⅰ、Ⅱなどのローマ数字
・(株)などかっこ付きの漢字
・単位や記号(cm kg No, 〒など)

## 返信時のマナーも心得る

受信メールにはできるだけ早く返信を。1営業日以内の返信が理想。すぐに詳しい返事が出せないときは、「詳細は後ほどご連絡いたします」と、ひとまずメール拝受の返信を。緊急時は電話で対応するなど臨機応変に対応しましょう。

また、内容に相違や質問がなくても返信は必要です。「確認いたしました」「承知いたしました」のひと言を添えること。

件名は、メールを識別する情報になるので、変更は不可。件名の頭に記載される「Re：」は残して返信します。

問い合わせには、差出人の文章を引用して回答します。このとき、差出人の文章は変更しないこと。

## 転送するとき

受信したメールをほかの人に転送する際は、元々の発信者に転送してよいか確認をとります。内容には手を加えないように。転送であることを明確にするため、件名に表記される「Fw:」はそのまま残しておきます。

## 定型句を覚えておくと便利

### 最初の挨拶

・いつもお世話になっております。先ほどはお電話で失礼いたしました。
・先日はありがとうございました。
・ご無沙汰しております。
・先日はご足労いただきありがとうございました。
・以前にご挨拶させていただいた○○です。

### 好感度が上がる挨拶

**▶相手への気遣いを盛り込んだ挨拶**
・昨日はお時間、間に合いましたでしょうか。
・お加減はいかがでしょうか。

**▶興味、お礼の気持ちを盛り込んだ挨拶**
・昨日は○○についての情報をありがとうございました。伺った○○を早速見てまいりました。

### 締めの言葉

・以上、どうぞよろしくお願いします。
・取り急ぎ、メールにてご連絡させていただきます。
・用件のみにて失礼いたします。
・では、また連絡させていただきます。
・今後とも、どうぞよろしくお願いいたします。
・お手数ですが、お返事いただけますようお願いいたします。

### 好感度が上がる締めの言葉

・またお目にかかれるときを楽しみにしております。
・天候不安定の折、どうぞご自愛くださいませ。
・いつでもお気軽にご連絡ください。

04

# SNSは公の情報発信、自覚をもって守秘義務を厳守する

point

- 誹謗中傷はしない
- 個人情報をむやみに公開しない
- 仕事でしか知り得ない情報をアップしない

## 会社全体が危機にさらされることも！

Facebookやtwitter、InstagramなどのSNSは生活に溶け込んだコミュニケーションツールです。今や取引先とSNSでつながることも珍しくありません。いつでも手軽に情報発信でき、コミュニケーションがスムーズになるなどのメリットもありますが、投稿が公になることのリスクを常に意識して利用するようにしましょう。

かつて従業員のうかつな投稿が、お客様のプライバシー侵害にあたり、企業として謝罪をする事件が相次いだことがありました。写真や動画をアップして、住所や位置情報が特定されたり、一緒に写った人の居場所が知られるというリスクもあります。

また、誹謗中傷とまではいかなくても、個人や団体への批判的な意見で、名誉毀損の裁判沙汰になることもあります。

仕事で得た情報をうかつに投稿するのは、問題外です。友達同士のおしゃべりでは問題ないことも、不特定多数に向けて発信すると、企業全体が危機にさらされることもあると心得ておきましょう。

## ▼SNSのトラブル対策と心得

### ①匿名投稿でも個人情報は特定されると心得る

実名を出さずに投稿していたとしても、過去の投稿などから個人情報は簡単に特定されてしまう。投稿した内容は半永久的にインターネットに残るので、本名や住所、連絡先、勤務先、顔写真など個人情報はむやみに公開しない。

### ②個人の不用意な発言も企業責任が問われる

SNS上のトラブルが企業規模の問題へと発展した場合、個人的な投稿が原因だったとしても、社会的責任を問われるのは個人ではなく企業。

### ③社会人としての自覚をもってマナーを守る

匿名だからといって、他者のプライバシーを侵害するような内容や、名誉を傷つける発言、多くの人を不快にさせる悪ふざけなど不用意な投稿は厳禁。

### ④正しく伝わるとは限らない

短い文章では、投稿内容が正しく伝わらないこともある。何気ない投稿が、はからずも他者を傷つけ不快な思いをさせてしまうこともある。

### ⑤発言者としての責任を自覚すべき

誰もが簡単に発言できるようになった今、個人の発言がマスメディアと同じパワーを持つことも。投稿内容の受け取り方は受け手によってさまざま。誤解を生むような発言には注意する。

### ⑥情報は写真からも流出。撮影場所には配慮が必要

オフィス内での写真撮影は機密書類などに配慮を。プライベートで訪れた施設での写真撮影も、事前に撮影可能か、SNSへ投稿可能か確認を。

アワ
アワ
アワ
アワ

# Part 6

# お客様対応のルール

01

# 来客対応で会社の第一印象が決まる

point

- 自分の対応で会社の印象が決まる
- 自分の来客でなくても丁寧に対応を
- 表情、態度、身だしなみ、目線で第一印象が決まる

## ▼大事なのはお客様をお待たせしないこと

会社のイメージを決めるのは、最初の来客応対です。感じのいい対応ができれば、会社のイメージアップにもつながります。一人ひとりが会社の「顔」という意識をもって対応しましょう。

一番大事なのは、お待たせしないこと。誰も出てこない、声をかけるまで知らんぷりでは、お客様はとても居心地が悪く、「感じの悪い会社」と判断されてしまいます。

来客に気づいたらすぐに近寄って「いらっしゃいませ」と声をかけます。やむを得ずお待たせしてしまった場合は、「お待たせして申し訳ありません」と、最初にひと言添えるのがマナーです。

相手に近づいたら、明るい声と笑顔で、腰から上体を倒す丁寧なお辞儀で「いらっしゃいませ」と応対し、社名、名前を伺い、アポイントメントの有無を確認します。それから担当への連絡、ご案内という順序で、テキパキと対応しましょう。

来訪者はすべて「お客様」です。受付や自分の担当でなくても、愛想よく対応しましょう。

## 第一印象を決めるもの

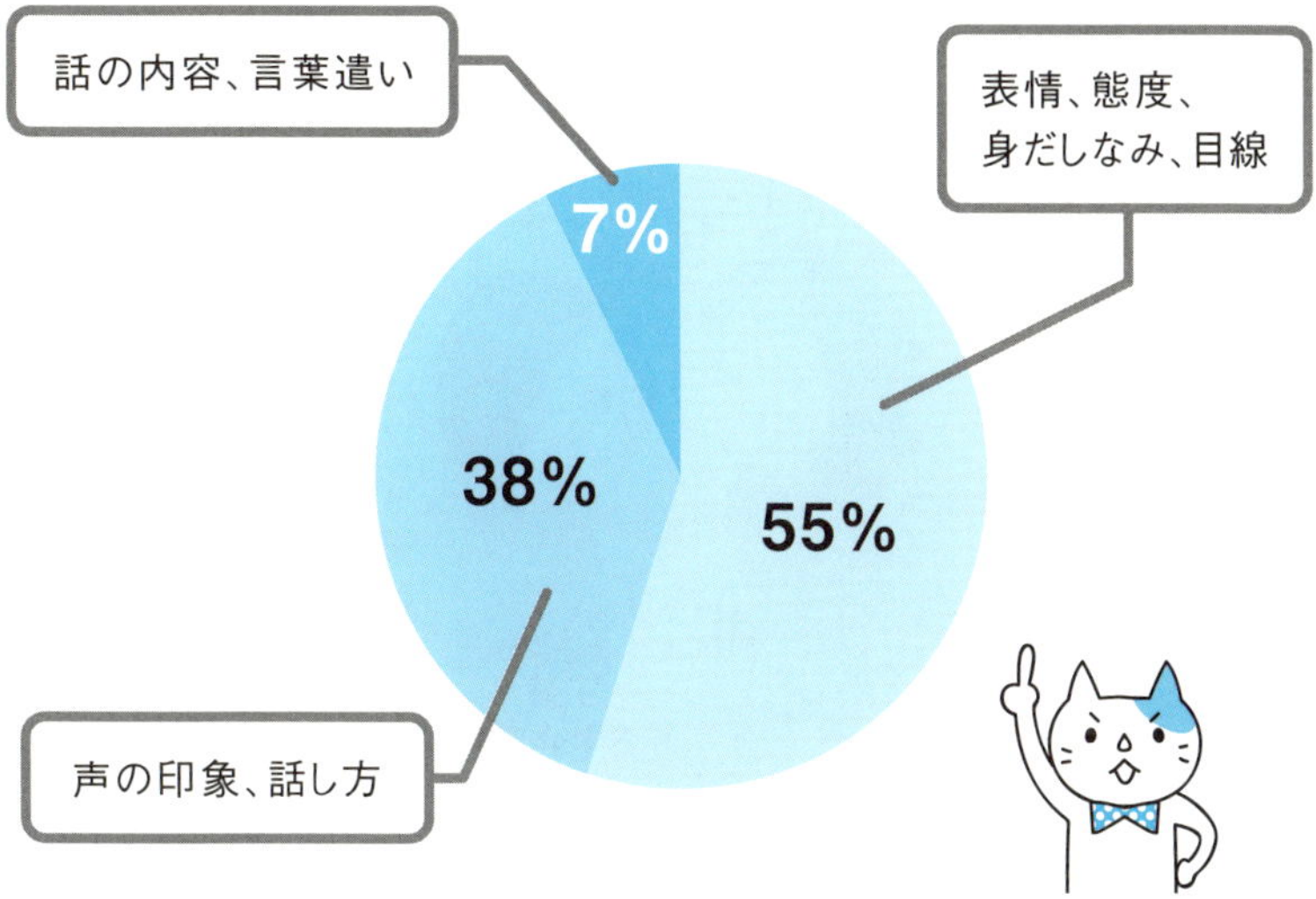




### 第一印象でイメージが決まるメラビアンの法則

心理学者のアルバート・メラビアンによると、人の第一印象の55％は視覚、つまり「見た目」に大きく影響されるというデータが出ています。

同じように、お客様の会社へのイメージは最初に接した社員で決まります。「感じのいい会社だ」「信頼できそう」とプラスに思われるか、「冷たい感じ」「偉そうだ」とマイナスに思われるかは、来客応対で決まるといってもよいほど。自分がどんな態度をとっているか、注意を払いましょう。

### 好印象を与えるには視線も重要

いい印象を与えるには、笑顔とともに視線の合わせ方も大事。ポイントは左目です。左目は感情をつかさどる右脳につながっています。左目で相手の左目を見るように視線を送りましょう。

## 対応手順

**1 挨拶**

「いらっしゃいませ、どのような
ご用件でしょうか?」

**2 確認**

「お約束で
いらっしゃいますか?」

- 社名、お名前、面会の相手、アポの有無を確認する。

### アポがない場合

**3 連絡**

「ただいま確認してまいります。
しばらくお待ちくださいませ」

- すぐには取り次がず、用件を聞いてから上司の指示を仰ぐ。

**4 謝罪**

「申し訳ございません。◎◎はただいま
打ち合わせ中でお目にかかれません。
何か伝言があれば申し伝えますが」

- 転勤や異動の挨拶などは、会議中でも中座して面会することが慣例。お客様の来訪は必ず担当に伝える。

### アポがある場合

**3 連絡**

「しばらくお待ちくださいませ」

- 担当へ連絡。遠くから呼ぶのではなく、電話するか担当に近づいて知らせる。

**4 案内**

「担当が参りますので、
もうしばらくここでお待ちくださいませ」

「どうぞ、ご案内いたします」

- 担当の指示に従って案内する。

## 焦らず落ち着いて！ こんなときの対応

| | |
|---|---|
| 来客が重なった | 先に来られた人から対応し、お待たせした人には、「申し訳ございません、すぐにお伺いします」とお詫びの声がけをする。 |
| 戸惑っているお客様を見かけた | 「ご用件は承っておりますでしょうか」と声をかける。 |
| 飛び込みのセールス | 担当に確認。会わない場合は担当者は不在とやんわりと断る。きっぱりと断る場合も「すみませんが、このようなご用件はお断りしております」と丁寧に伝える。 |
| 書類などの受け渡しの場合 | 社名、名前、担当者を確認し、相手に自分の部署、名前を伝える。書類は、必ず両手で、渡すときは「お願いいたします」、受け取るときは「お預かりします」。 |

### こんな態度では会社のイメージが悪くなる

- お客様が視界に入っても知らんぷり
- お客様をジロジロ見る
- 愛想がなく、事務的な対応
- 相手の目を見ないで対応する
- 立たずに座ったまま対応する
- 別の作業をしながら、片手間に用件を伺う
- 食事などを食べながら対応する
- お客様のそばで同僚とおしゃべりする

02

# 丁寧なご案内でお客様に安心感を与える

point

スムーズな対応が会社のイメージを決める
廊下は自分が先、エレベーターの乗降はお客様が先
相手の歩調に合わせて歩く

### ▼案内の途中でも天気の話題などを

お客様をご案内する際には、事務的な案内で「そっけない」印象を与えないようにしましょう。不慣れな場所は、誰もが緊張するものです。お客様が戸惑わないよう、「では会議室にご案内します」などと、行き先を告げてスムーズに誘導します。

廊下では中央が上座、右端が下座です。お客様の正面に立つと圧迫感を与えるので、2~3歩斜め前を、お天気の話など世間話をしてリラックスしていただきながら、お客様の歩調に合わせて歩きます。

エレベーターの乗り降りは、「開く」ボタンを押して、お客様に先に入っていただいてから、自分は下座である操作板の前に立ちます。

階段では手すり側にご案内しながら、「お先に失礼します」と声をかけて先導します。下りる場合も自分が先に歩くのが基本的な作法です。

部屋に案内する際は、必ずノックをして室内が整っているかを確認します。ドアを押さえながらお客様をお通しして、上座である奥の席をすすめて、挨拶をしてから退室します。

## お客様を誘導、案内するときの作法

### 1 ご案内

案内は、「○階の会議室へご案内します」などと、行き先を告げてから先導する。
相手の2、3歩斜め前を歩いてご案内する。

### 2 誘導

誘導するときは上座、下座を意識する。

### 3 入室

ノックして室内を確認してから、ドアをあける。お客様に先に入っていただき、上座を案内する。コートなどをお預かりする場合は、「こちらにお預かりしておきます」と場所を知らせる。

### 4 声がけして退室

「○○はすぐに参りますので、しばらくお待ちくださいませ」と声がけし、会釈。ドアの前で再度、軽く会釈をし、「失礼します」と退室。

### 5 お待たせする場合

「5分ほどで○○が参りますので、しばらくお待ちください」と、目安の待ち時間を伝える。

## 上座は部屋の構造で変わってくる

部屋の構造によって上座は変わるので、パターンを覚えておきましょう。

ポイントは次の3つです。

①お客様が上座、自分たちは下座
②長椅子はお客様用、肘掛け椅子は社内用
③絵を正面から見られる席が上座

基本として、ドアから一番遠い場所が上座です。オフィスの中に応接コーナーがある場合は、オフィスから遠い側が上座です。これは雑然とした事務机から遠ざけるという配慮からです。

絵などが飾られている場合は、絵を正面に見ることができる席が上座になりますが、和室は掛け軸などがある床の間を背にする位置が上座になります。

椅子によっても格付けがあるので、必ず事前に確認し、配置が違っていれば正しておきましょう。

### 階段

階段は、上がるときも下りるときも案内人が先に歩く。「お先に失礼します」「お足元にお気をつけください」などのひと言も忘れずに。
上座は手すり側。お客様の行く先をふさがないよう、案内人は真ん中を歩く。

### 廊下

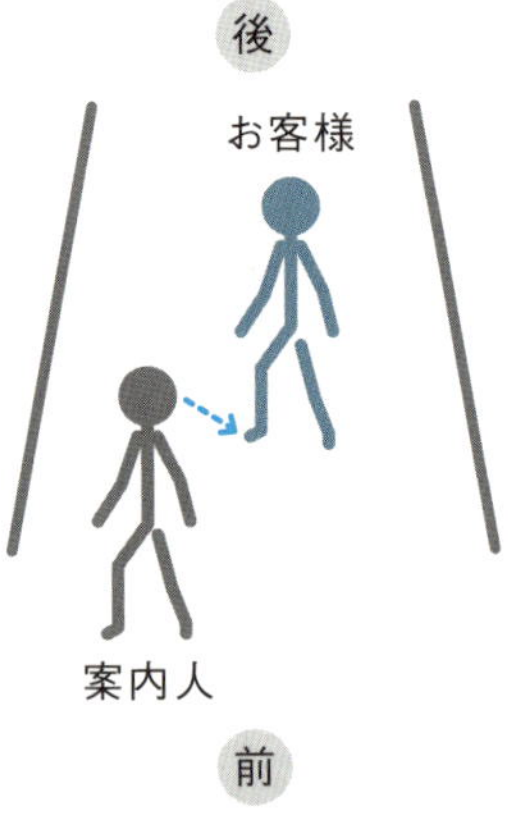


中央が上座、右端が下座。
時々、目線をお客様の足元に送りながら案内する。

## ●エレベーター

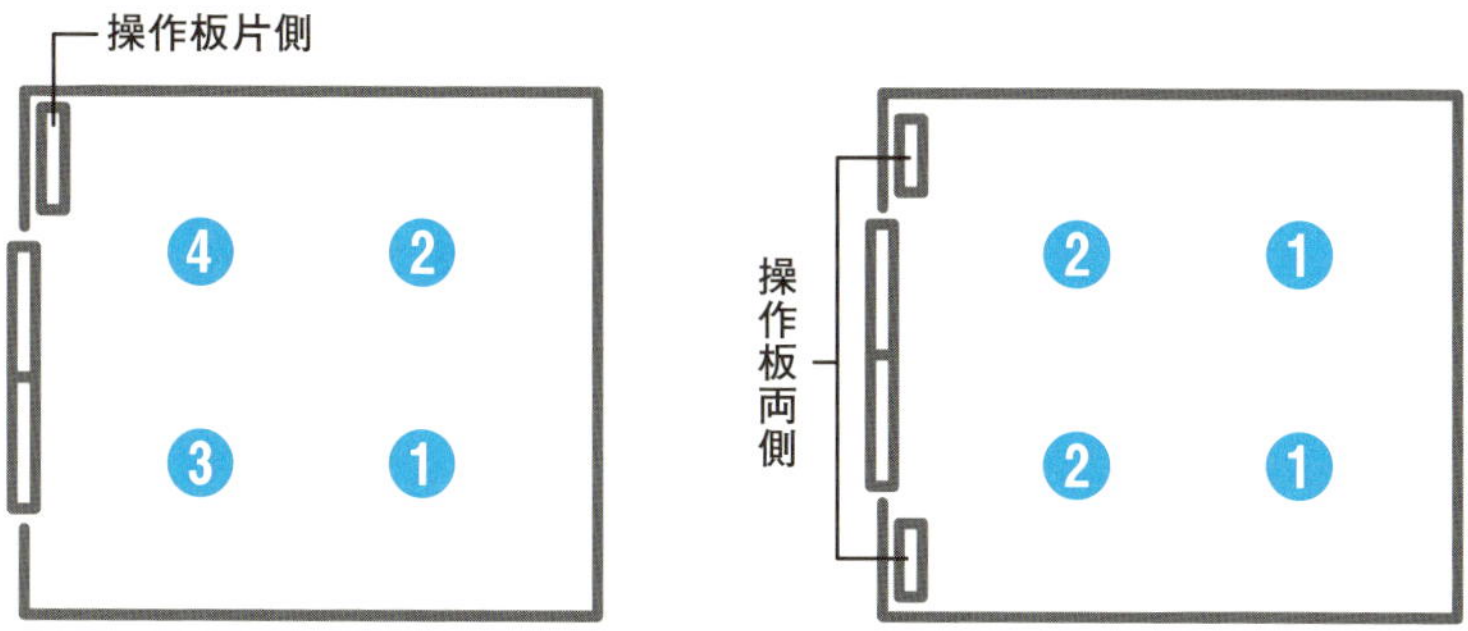


操作盤から見て斜め奥が上座、下座は操作板の前。

操作盤が両側にある場合は、奥の左右両方が上座。

乗るときは案内人が「お先に失礼します」と先に乗る。操作板の前で「開」ボタンを押して、片手でドアを押さえてお客様に乗っていただく。

降りるときは、「開」ボタンを押しながら片手でドアを押さえて「どうぞ」と声をかけ、「右でございます」など、進行方向を告げて先に降りていただく。

エレベーターに誰かが先に乗っていた場合は、ドアを押さえてお客様に先に入っていただく。

## ●タクシー

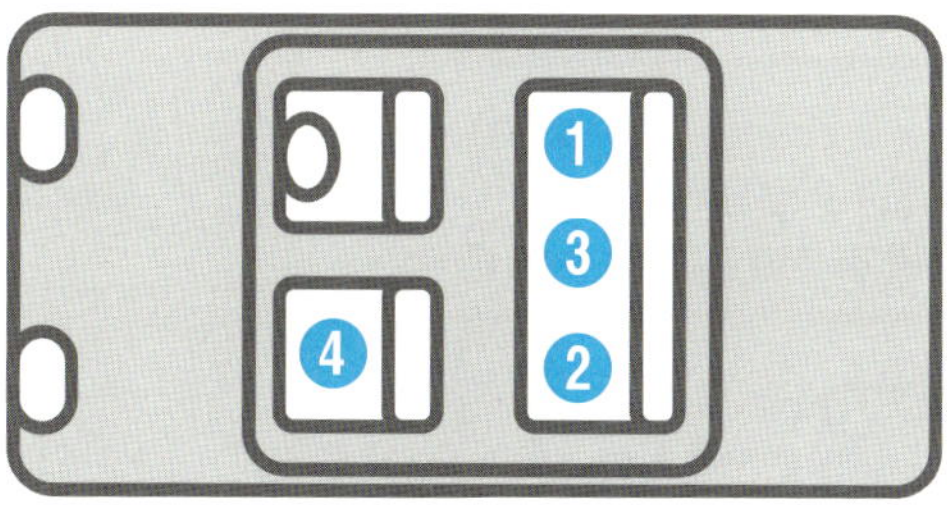


タクシーでは、運転手の後ろの後部座席が上座、その次は降車側、後部の真ん中と続く。助手席には最も下位の人が座り、支払いをする。
上司が運転する車の場合は、助手席が上座となり、下位の人は後部座席に①②③の順で座る。

## ●オフィス内の応接室

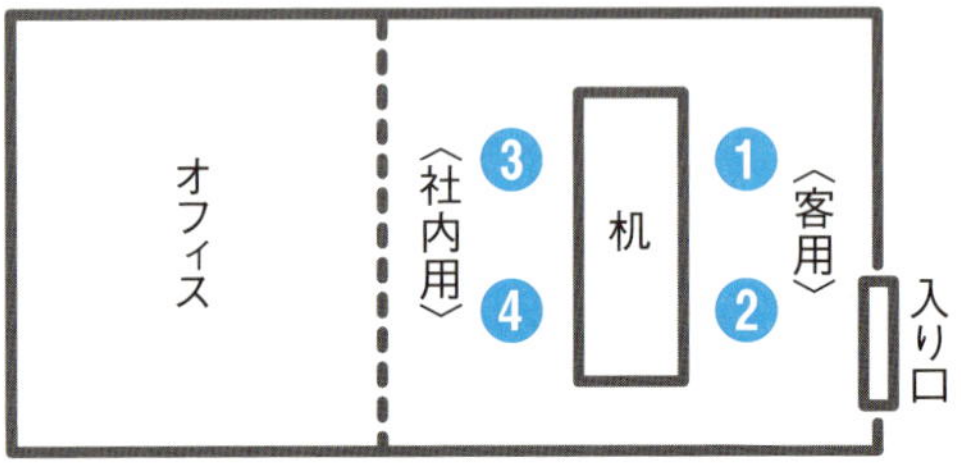


オフィスに近い席が自社側、通路側がお客様側で、その出入り口から遠い席が上座

## ●応接室

**中央にテーブル**
**4人の独立型椅子の場合**

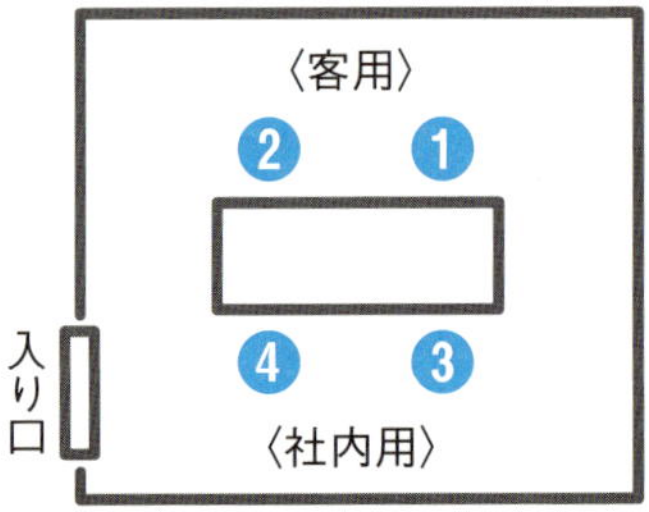


出入り口から一番遠い席が上座、入り口に近い席が下座

**中央にテーブル**
**独立椅子2席と長椅子の場合**

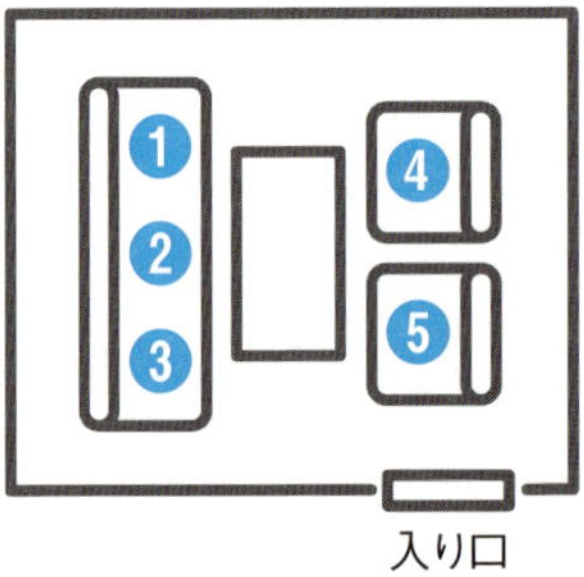


長椅子の出入り口から遠い席から順に上座となる。基本的に長椅子はお客様側、肘掛け椅子は自社側

# 覚えておけば安心! 席次の基本パターン

## ●会議室

**コの字型**

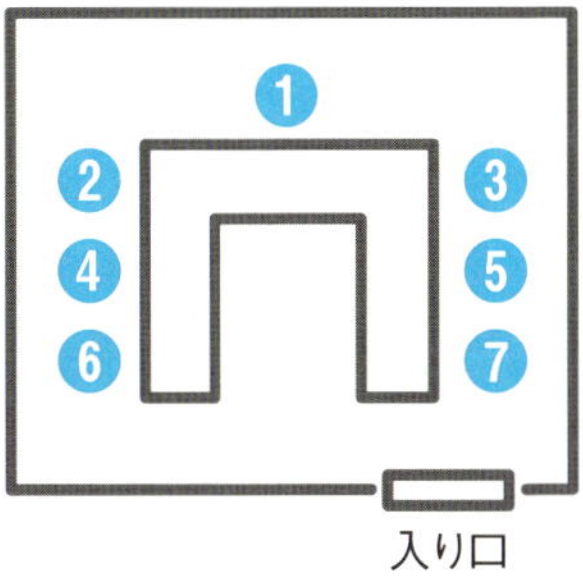


出入り口から遠い席が上座、
以下、上座から見て右手、
左手と進んでいく

**机をはさんで対面型**
**出入り口が右手前の場合**

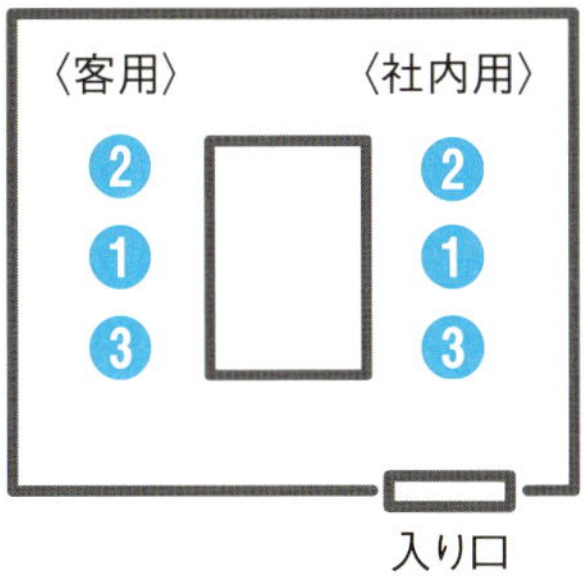


入り口から遠い側の真ん中が上座、
出入り口に近い側が自社側、
出入り口近くの席が下座

**円卓の場合**
**出入り口が手前中央**

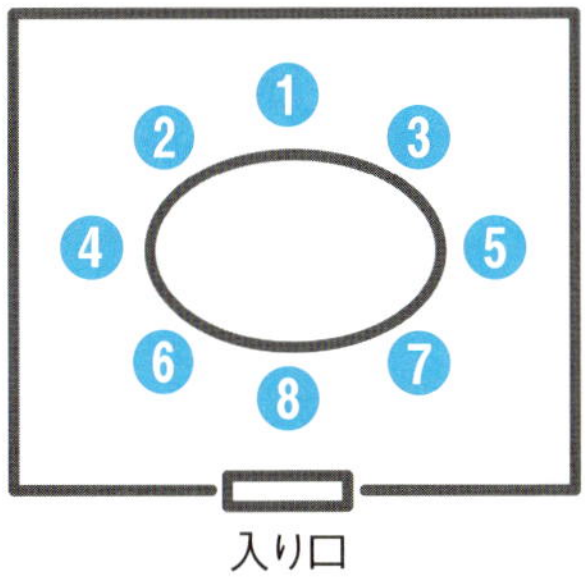


出入り口から見て一番奥が上座、
以降、上座から見て右手、
左手と進んでいく。

03

# お茶の出し方のルール

point

- お客様へのお茶はお盆で運ぶ
- お客様から先にお茶を出す
- 置くのはお客様の右手側に

## ▼上座から下座、自社の役職順に出す

お茶出しのタイミングは、お客様が着席して担当者を待っているときか、名刺交換がすんで一同が着席したときです。

お茶は必ず上座についているお客様から先に、「どうぞ」と言い添えて、お客様側は上座から下座へ、次に自社側は役職順に出します。

最初からお盆の上に茶托にのせて運ばず、出す直前に茶托にセットして、両手で差し出します。コースターなら、先にテーブルに置いてからグラスをのせてもかまいません。

置くのは、お客様の右手側の位置。ただし、書類などがある場合は汚してしまっては大変です。「こちらでよろしいでしょうか?」と言い添えて、邪魔にならない場所に置きます。

夏は冷たく、冬はあたたかい飲み物を出すのもおもてなしのひとつです。話が1時間以上長引いている場合は、新しい飲み物と取り替える気遣いがあると喜ばれます。お茶を出し終わったら、お盆を脇に抱えて一礼してから退出しましょう。

## スマートなお茶出しの手順

**1 お茶を運ぶ**

運ぶ際にお茶がこぼれても茶托が汚れないように、お茶と茶托は別々にセット。ふきんも一緒に持っていく。

**2 入 室**

ドアをノックして、「失礼します」と声をかけてから入室、お客様に軽く会釈する。

**3 お茶を茶托にセット**

お盆をいったんテーブルの入口側か、サイドテーブルに置き、茶碗の底をふきんでぬぐってから茶托にセット。

**4 上座のお客様からお茶を出す**

茶碗に柄がある場合は、柄がお客様の正面を向くように、グラスの場合は、先にコースターを置いてからグラスをのせる。カップのときは、持ち手をお客様の左側に、スプーンの柄を右向きに置く。

**5 退 室**

お盆を持って、「失礼しました」と会釈して退室。話が始まっている場合は、会釈だけでOK。

### こんなときはどうする？

**話が長引いたら？** → 1時間以上話が長引いている場合は、途中でお茶を取り替える。

**机に書類が置かれている**

→ 勝手に書類を動かさずにあいているスペースに置き、「こちらでよろしいでしょうか？」と声をかける。

04

# お客様を見送るルール、ゆっくり、丁寧に

point

原則としてエレベーターまで見送る
大事なお客様は玄関まで見送る
急ぎの場合は「こちらで失礼します」

## 相手より先に立ち上がらない

来客時はお見送りまで気を抜かないことが大事です。話が終わったら、相手が立ち上がるのを見てから立つこと。

お客様が帰る際は、入り口まで行ってドアをあけますが、あけるのが早すぎると、帰りをせかしているような印象を与えてしまうので気をつけましょう。

お客様が部屋を出たら、原則としてエレベーターまでは必ずお見送りします。

エレベーターを待つ間は、「本日はお越しいただきましてありがとうございました」と、ひと言添えて来社の労をねぎらい、感謝の気持ちを伝えます。「今後ともよろしくお願いします」と、最後の挨拶も忘れずに。ここで雑談が長くなると、お客様が帰るタイミングを逃してしまいます。

エレベーターか玄関か、相手をどこまで見送るかは会合の重要度にもよりますが、大事なお客様やクレームの対応の場合は玄関まで見送ります。

いずれも相手の姿が見えなくなるまで、頭を下げてお見送りすると、より丁寧に見えます。

## お客様が好感をもつ言葉遣い

### 来社の労をねぎらう言葉

お忙しいなか、わざわざお越しいただきまして、ありがとうございました

大変お待たせして申し訳ございませんでした

### お見送りの挨拶の言葉

- 今後ともどうぞよろしくお願いいたします
- お気をつけてお帰りくださいませ
- ○○様にどうぞよろしくお伝えください

### コートを預かった場合

部屋を出る際にお渡しする。コートは外で脱ぎ着するのがマナーだが、「どうぞ、こちらで」と促すのも気遣いのひとつ。

### お見送りはお辞儀をしたままで!

**・エレベーター前**

挨拶の後、エレベーターが閉まるまでお辞儀をして見送る。

**・玄関や車の場合**

玄関はお客様が立ち去るまで。車の場合は、お客様が乗り込み、動き出したらお辞儀、軽く頭を上げて車が見えなくなるまで見送る。

### エレベーターや玄関まで見送らないとき

部屋の出入り口か廊下までは必ず見送り、「申し訳ございませんが、こちらで失礼します」とひと言添えると丁寧な印象に。

Part 7

# 訪問先での打ち合わせのルール

# 01 お客様訪問の第一歩はアポ取り

point

- 同行者のスケジュールを確認してアポを取る
- 日時は相手の都合を優先する
- 約束の内容をきちんと確認する

## アポ取りでの確認事項は4つ

お客様訪問はアポイントメントを取ること、よくいう「アポ取り」から始まります。飛び込み営業でアポなしのスタイルもありますが、原則的にはきちんと事前に訪問の予約を入れるのがルールです。

アポ取りは電話やメールで行いますが、確認事項は次の4つです。

①訪問の日時
②訪問の目的
③所要時間
④打ち合わせの場所

まず訪問日時ですが、貴重な時間をさいてもらうのですから、相手の都合を優先しましょう。事前に自分と、同行者がいるなら同行者の予定を確認して、候補日をいくつかあげておきます。

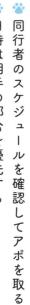

次に、訪問の目的をはっきり伝えます。商品の説明などの商談なのか、資料のお届けなのか、目的がわかっていれば、先方も準備ができるため、話がスムーズに進みます。

3つめは、所要時間を伝えておくこと。自分も相手も仕事の予定が立てやすくなります。

最後に、場所の確認も大事です。会社によっては社屋やフロアが複数に分かれている場合もあります。どのビルの何階を訪ねればいいかをきちんと確認しておきましょう。

同時に、玄関の総合受付を訪ねるのか、無人の電話受付から内線電話で呼び出すのか、受付のスタイルも確認しておくとよいでしょう。

最後に、決まった日時や場所などを復唱して確認し、同行者がいる場合は、「わたくしと上司の◯◯、2名でお伺いします」と人数も伝えます。

### ▼リマインドメールを送る

アポを取ってから訪問当日まで1週間以上あく場合は、前日に「明日◯時に◯◯に伺います」と、確認の連絡を入れると安心です。

**【アポ取りでこれだけは確認】**

- □ 訪問の日時
- □ 訪問の目的
- □ 所要時間
- □ 打ち合わせの場所

**ドタキャンされても、がっかりしない**

ビジネスではやむを得ない状況は多々あるもの。直前に打ち合わせをキャンセルされても、素早く再調整をしましょう。
イライラした態度を相手に見せるのは、もちろん厳禁です。

## スムーズにアポ取りするための準備

### ●事前準備

自分のスケジュールを確認。

同行する上司（あるいは先輩、同僚）にスケジュールを確認少なくとも2つの候補日を出してもらう。

案件の概要をまとめたメモや資料を用意する（相手の質問に答えられるように）。

NG

**日程調整でやってはいけないこと**

○時～○時、○時頃といったあいまいな設定はNGです。「ご挨拶だけ」だからといって、時間に幅をもたせて設定をするのは、相手への気遣いがない証拠。相手はその間、ずっと訪問を気にしていないとならなくなります。時間設定は正確に決めること。

## 電話かメールでアポ取り

**挨拶の後**

早速ですが、○○の件で、○○さんに新しい商品のご案内をさせていただきたいのですが、お時間をいただけますでしょうか?

▶**目的を伝え、相手の都合を聞く**

---



## 候補日を伝えて日程を調整

**できるだけ複数の候補日をあげる**

来週から再来週で、ご都合のよい日をいくつか教えていただけますか?

○日なら終日あいておりますので、ご都合に合わせられます。何時がよろしいでしょうか?

申し訳ございませんが、○日は予定が入っておりますので、○日ではいかがでしょうか?

**日時が固まったら**

お忙しいなか、恐れ入ります
ありがとうございます

▶**必ずお礼を伝える**

# 02 上司に信頼される訪問前の準備

point
- 当日の流れをイメージして資料を用意
- 訪問先についての知識を得る
- 交通手段と所要時間を調べておく

### ▼同行してもらう人ともシェアする

お客様訪問は事前に準備がしっかりできているかどうかが、成否を決定します。会社の代表として訪問するからには万全に準備しましょう。

まず大事なのは、訪問先について知ること。事業内容についてはもちろん、経営方針、おもな取引先も把握しておくと、当日の話も広がります。

一方で新人が意外と忘れがちなのは、自分の会社についてのことです。沿革や詳しい事業内容、他部署の製品やサービスなど、聞かれたことに資料を見ないでも答えられるように、しっかり頭に入れておきたいものです。

持ち物は必ず前日までに準備しておきます。何が必要かは訪問の目的によって変わりますが、企画書などの書類や資料、必要なサンプル、動画などを見ていただく場合はパソコンなど、当日の流れを想定して準備します。手帳や名刺も忘れずに。

上司、先輩などの同行者がいるなら、話の流れや資料に抜けがないかなど、念のために一緒に確認してもらうと安心ですね。

前日には交通手段と先方までの所要時間を調べて、いつ頃出発するか段取りします。

約束の10分前には到着するよう、15分程度は時間に余裕を持って出発します。同行者には、「明日、よろしくお願いします」という言葉とともに、出発時間と交通手段を伝えておきます。

当日は持ち物と身だしなみをしっかりチェック。出かけるときに、社内の予定表に訪問先と帰社時間を記入するのも忘れずに。

## 遅刻しそうになったら

**電車がストップ！**

- 遅刻しそうなら、すぐに先方に連絡を入れます。
- いつ頃到着できそうか、見込み時間よりやや遅めの時間を伝えるのが無難。
- 到着したらまずお詫びを。

## 訪問時の持ち物リスト

- □企画書などの書類（人数分を用意する、新規の訪問の場合は、自社の会社案内も持参）
- □資料やサンプル、必要なデータ
- □名刺（汚れがないか、多めに用意しておく）
- □筆記具
- □スケジュール帳や手帳（打ち合わせ内容は必ずメモする）
- □携帯電話やスマホ
- □相手の住所、連絡先、担当者がわかるもの
- □パソコン、ICレコーダーなど

## 訪問までの準備と流れをチェック

### 1週間前

| | |
|---|---|
| □ アポ取り | 訪問の約束は早めに。<br>一般的には、遅くとも1週間前までには<br>アポを取っておく。 |
| □ 情報収集 | 訪問先の事業内容などを調べて情報を<br>集める。先方にとって何が有益な情報、<br>提案になるか、相手のメリットを考える。<br>自社の商品情報もしっかり頭に入れる。 |

### 3日前

| | |
|---|---|
| □ 企画書等の作成 | 訪問の目的に沿って、企画書や提案書な<br>どを作成。先輩や上司にチェックしてもらう。<br>必要な資料やサンプルなど集めておく。 |

**出かける前の身だしなみチェック!**

□髪に乱れはないか
□スーツや服装に汚れ、シワ、乱れはないか
□口の周りに汚れ、臭いなどはないか
□化粧は崩れていないか
□靴やカバンに汚れはないか

## 訪問前日

| | |
|---|---|
| □ **持ち物チェック** | 企画書にミスがないか、再度チェックしてプリントアウト。必要な資料を揃える。 |
| □ **交通手段チェック** | 訪問先までの交通手段と所要時間を確認し、出発時間を決定。同行者に連絡する。 |
| □ **リマインド** | 必要に応じて、メールなどで訪問先に明日の時間、訪問場所、何人で伺うか、面会の所要時間などを再確認する。 |
| □ **段取りチェック** | どんな流れで話をするかシミュレーションしておく。 |

## 訪問当日

| | |
|---|---|
| □ **持ち物とスケジュールを再確認** | 当日は、必要な持ち物が揃っているか、電車など交通手段に遅延はないかチェック。出発前には身だしなみもチェックする。 |

## 03 受付に行く前、受付時のルール

**point**

- 約束の時間前に到着する
- 訪問先の前まで来たら身だしなみチェック
- 会社の代表だと意識して丁寧に名乗る

他社からすると、あなたは会社の代表です。訪問先の前まで来たら、身だしなみを整え、名刺や資料などを確認、すぐ取り出せるようにします。商談をどう進めるかの心づもりもこの段階で。

ちなみに現地には、必ず約束の時間前に到着すること。早めに到着するのは、心の余裕とともに、身じたくや進行確認などの準備をするためです。遅刻はもちろんのことですが、あまり早く到着するのも相手に迷惑です。

コートなどは玄関で脱いで手に持ちます。そして

### ▼受付でのマナー

受付の人に、「お世話になっております」と頭を下げ、「○○社の□□と申します」と、社名、名前を名乗り、「◇◇部の△△様をお願いいたします。＊時にお約束をいただいております」と、訪問相手の部署と名前、約束の時間を伝えます。

同行者がいるときは、目下の者が受付に向かいます。

無人の電話受付なら、内線番号を呼び出し、同じ流れで取り次ぎをお願いします。

## 玄関ですませておくこと

□身だしなみを確認

服装に乱れ、肩にフケが落ちていないか、女性はストッキングの伝線なども確認する。

□名刺や資料を確認

資料がすぐに取り出せるか、カバンの中をチェック。名刺入れは男性は胸ポケットに、女性はバッグの取り出しやすいところに入れる。

□訪問相手の部署、名前を確認

相手の部署名と名前、内線番号などを確認する。

□コートを脱ぐ

屋外のホコリ等を持ち込むことのないよう、マフラー、手袋は玄関前でとってカバンにしまう。コートは脱いで左腕にかける。

□濡れた傘はたたむ

濡れた傘を広げたまま持って入って水滴を落とさないように止めてきちんとたたむ。

□携帯電話はマナーモードにする

携帯電話は電源を切るか、マナーモードにする。

担当の部署と名前を確認し、約束の時間になったら、受付に向かいます。

### ▼常に見られている意識をもとう

訪問先では受付でも廊下でも、常に見られている意識をもって、礼儀正しく行動してください。

人とすれ違うときは、軽く会釈を。エレベーターでも部屋に案内されたときも、会釈してから入室しましょう。落ち着いて行動することが大事です。

**ポイント**
受付対応を上司にさせるのはNG！
立場が下のあなたが手続きします

04

# 部屋に通されてからのマナー

**point**

- 勧められない限りは下座に向かう
- お茶は相手が口をつけてから
- 最初の挨拶をしてから本題を切り出す

### ▼まずは時間をいただいたお礼を述べる

部屋に案内されたら、席を指定されない限りは、入り口に近い下座に進みます。カバンは原則として足元に。コートはたたんで背もたれにかけます。

案内やお茶を出してくれた人などに、感謝の会釈を忘れずにすること。

お茶に口をつけてもいいのは、相手を待つ間に自分の分が運ばれた場合です。相手も着席している場合は、すすめられるまで待ちましょう。

相手を待つ間に、書類や資料を確認しますが、勝手にテーブルの上に広げず、カバンから取り出す程度にしておきます。

ドアがノックされたら席を立ってお辞儀し、挨拶をします。初めての相手とは名刺交換の後、「本日はお時間を頂戴しましてありがとうございます」と、時間をいただいたことにお礼を述べてから、仕事の話に入ります。

相手に聞き取りやすい声のトーンか、大きさは大丈夫かを意識して、資料も相手が見やすいほうに向けるなどの配慮が大事です。

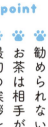

## 部屋に入ってから商談までの流れ

### 1 入室

会釈して入室。席を指定されない限りは下座へ。荷物は足元に置く。コートはたたんで背もたれにかける。自立式のカバンなら足元に、女性のバッグなど自立しないカバンは椅子の後ろか膝に置く。

### 2 お茶を出されたら

相手を待つ間は先に口をつけてもよい。相手と一緒に出された場合は、すすめられるまで待つ。

### 3 椅子の座り方

背筋を伸ばし浅めに腰掛ける。背もたれにもたれたり、脚を組まない。

### 4 挨拶

ノックがあったら席を立つ。初対面なら名刺交換。「本日はお忙しいなか、お時間をいただきまして、ありがとうございます」と、時間をもらったお礼を言う。

### 5 頭を下げながらの挨拶はマナー違反！

「はじめまして」「お世話になります」と目を見て挨拶。続けて社名と名前を名乗ってから丁寧に頭を下げる。

### 6 商談開始

目的から話を始め、時間内に終えるよう進める。PCに入力しながら話すときは、画面に集中せず、相手の顔も見ながら反応を確認する。

### 7 上司に同行する場合は、フォローに徹する

名刺は上司に紹介されてから。メモをとったり、資料を取り出すなど、商談がスムーズに進行するように配慮する。

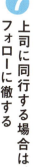

# 05 名刺の渡し方、もらい方

**point**

- 訪問した側から先に渡す
- 立場が下の者から順に差し出す
- 名刺を切らさない、汚さない

## ▼名刺入れは清潔な印象のものを

名刺は自分自身を表すものです。折れ曲がっていたり、汚れている名刺を渡すと、それだけで相手にマイナスの印象を与えます。訪問前にきれいな名刺が入っているか、名刺入れをチェックしましょう。

新人のうちは、スムーズに名刺交換ができるよう、社内で名刺の取り出し方、名乗り方などを練習しておくといいですね。

名刺交換は、敬意を表すために丁寧な所作を心がけます。立場が下の者から差し出すのが礼儀ですが、基本は、訪問した側から渡します。

まずは名刺を1枚取り出し、名刺入れの上に重ねます。相手の正面まで近づいて、名刺を相手が読める方向に向けて、「○○社の□□と申します」と、社名と名前を告げながら渡します。必ず両手で、軽く会釈しながら差し出しましょう。

受け取る場合も、「頂戴します」と、両手で受け取り、相手の名前や役職を確認します。読み方がわからない場合は、「失礼ですが、何とお読みするのでしょうか?」と、その場で質問します。

商談中は、名刺入れの上にいただいた名刺を重ね、自分の左斜め前に置きます。

相手が複数の場合は、一番立場が上の人の名刺を名刺入れに重ね、そのほかの人の名刺は、テーブルの上に並べます。このとき、相手の席順に合わせて並べると、顔と名前が一致します。

顔と名前が覚えられないからといって、相手の目の前で特徴などを書き込むのは厳禁。うっかり相手の名刺の上に手や資料をのせるのも失礼です。

名刺入れにはいただいた名刺を入れるので、きれいな状態を保ち、丁寧に扱います。たまに、ズボンの後ろポケットに名刺入れを入れる人もいますが、これはNGです。おしりから取り出した名刺を相手にお渡しすることになるからです。

万が一、訪問してから名刺を切らしていたことに気づいた場合は、「名刺を切らしてしまい、大変申し訳ございません」と、丁寧にお詫びします。会社に戻ったらすぐに、お詫びとお礼の言葉を添えて、名刺を郵送します。郵送が早いほど失敗をフォローできますが、日頃から名刺入れに十分な枚数が入っているかを確認する習慣をつけましょう。

いただいた名刺はその日のうちに整理しましょう。会った日や商談内容をメモしておくと、後々、役立ちます。

## 名刺の保管は自分が見やすい順序で

- 専用のファイルやケースに保管する
- 五十音順か業種・業界別
- いただいてから1週間以内には保管
- 名刺ファイルは月に一度は整理
- 年に一度は不要な名刺を破棄する

＊最近は会社や部署単位で名刺管理アプリを利用する場合もありますから、先輩にどのように名刺管理しているか、まずは教えを請いましょう。

## スマートな名刺交換の仕方

- すぐに取り出せるようあらかじめ名刺入れを準備。
- 男性は胸ポケットに。
- 女性はバッグの取り出しやすいところに。
- 訪問相手が部屋に入ってきたら、立ち上がって、名刺入れを取り出す。

### 自分が先に名刺を差し出すとき

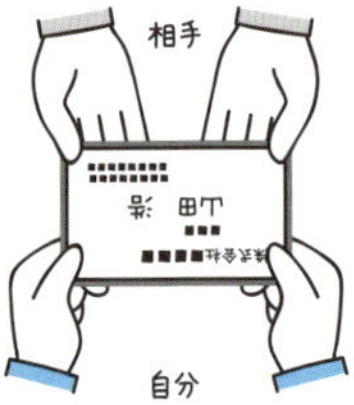


名刺入れの上に相手が読める向きに重ね、社名と名前を名乗りながら両手で差し出す。

○○商事、営業部の○○○○と申します

どうぞよろしくお願いいたします

### 名刺を受け取るとき

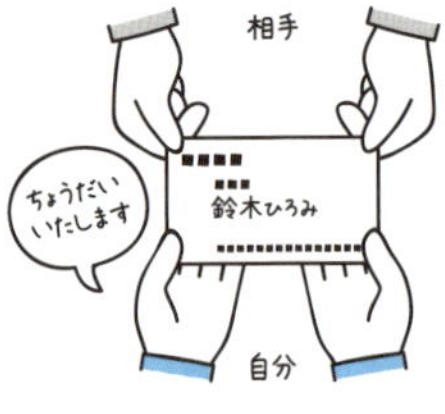


左手に右手を軽く添えて、

ちょうだいいたします

と受け取る。読み方がわからない場合は、その場で確認。

### 相手から先に差し出された場合

申し遅れました

とひと言添えて差し出す。

## 片手で受け取ることになった場合

「片手で失礼します」と言葉を添える。

## 机をはさんでの交換の場合

「こちらから失礼いたします」とひと言添える。

## 双方が同時に名刺を取り出した場合

▶会社名と名前は訪問した側から名乗る。

## 複数で名刺交換するときの順序

▶訪問した側から役職の高い順に名刺交換をする。

## 商談中

▶名刺入れの上にいただいた名刺を重ね、テーブルの上（自分の左斜め前）に置いて、相手の顔と名前を覚える。

## 相手が名刺を出さない場合

「次回、ご連絡を差し上げたいので、お名刺をいただけますか？」

「資料をお送りしたいので、お名刺を頂戴できますでしょうか？」

### 「誰だっけ？」を防ぐ、保存の前のメモ書き

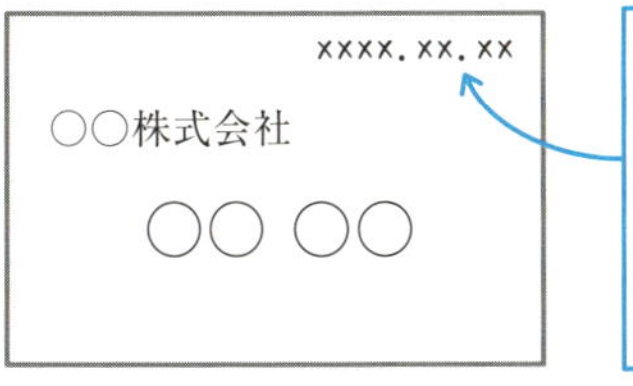


- 会った日付
- どこで会ったか
- 誰の紹介か
- 顔の特徴や打ち合わせ内容など

06

# 紹介する順序のマナー

point

- 社内の人を先に相手に紹介する
- 役職の高い人から紹介する
- 社内の人間は必ず呼び捨てにする

## 手のひらで差し示して丁寧に紹介する

上司や先輩、同僚と複数人で取引先を訪れるときなど、仕事では人を紹介したり、紹介されたりするシーンが多くあります。

紹介の順序は、関係の深さで決まります。

まずは、社内の人を訪問先に紹介するのが先。上司や先輩に同行してもらった場合は、「弊社の○○でございます」と、身内から相手に紹介します。

複数人数で訪問した場合は、役職の高い順から紹介しますが、社内の人には名前に役職をつけずに、「弊社○○部の□□でございます」「弊社営業課長の△△でございます」と呼び捨てにします。

そして、自分の身内を紹介した後に、「こちらがいつもお世話になっている◇◇社の＊＊課長でいらっしゃいます」と、自社の人に相手先の人を紹介します。この際も、役職の高い人から順に紹介します。

いずれの場合も、「こちら」と、手のひらを上に向けて示して敬意を表します。人間関係の幅を広げていくには紹介は不可欠。紹介することにもされることにも慣れていくようにしましょう。

# 身内から、役職の高い順に紹介するのがルール

## ●紹介する順序

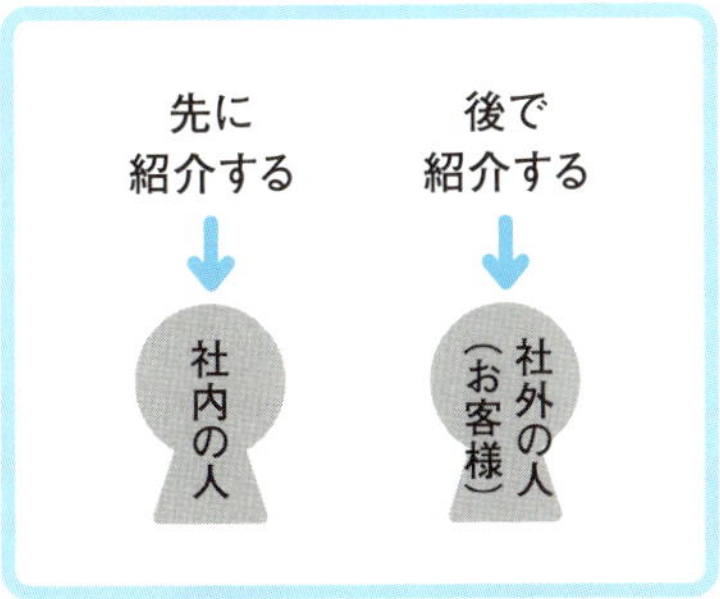


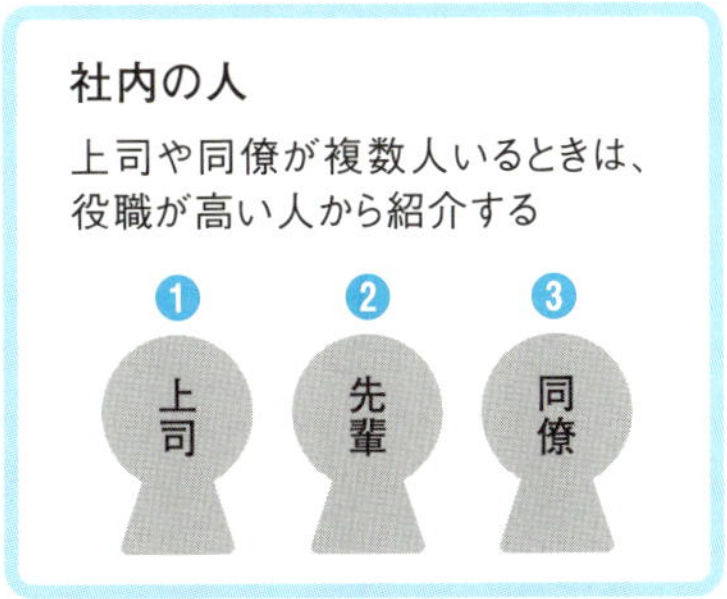


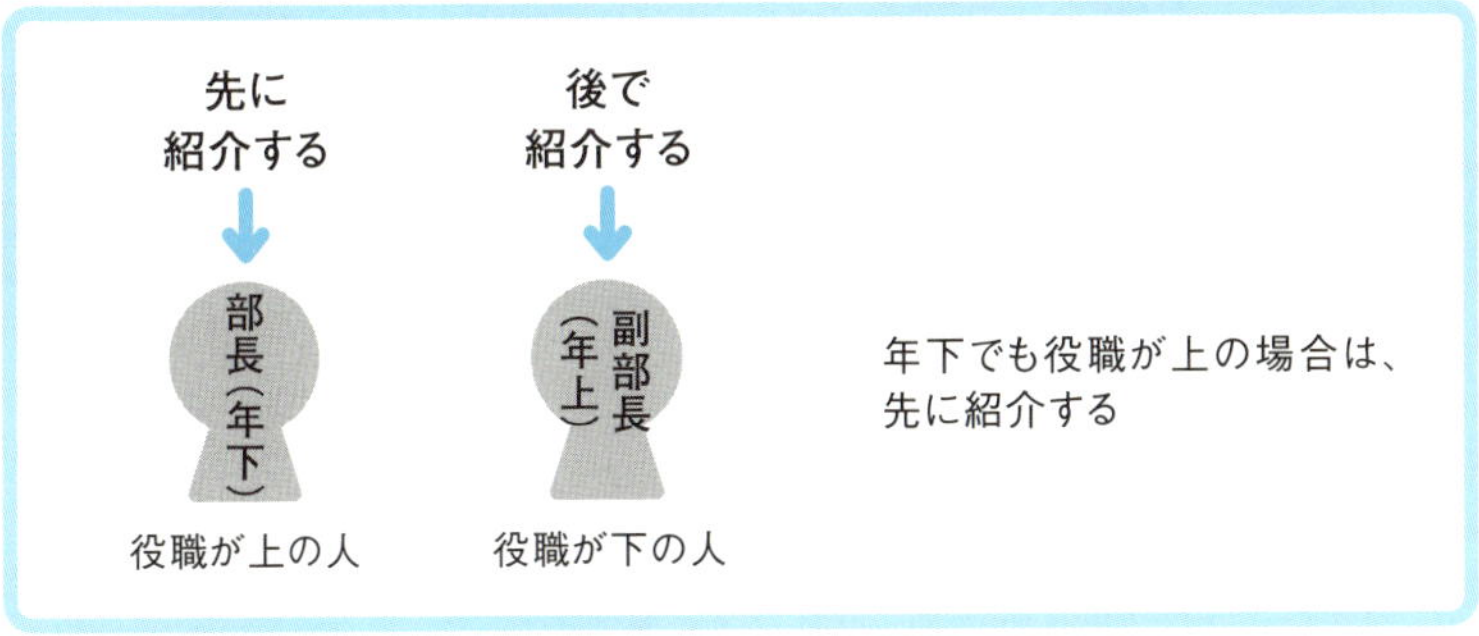


## ●取引先に①上司と②同僚を紹介する仕方

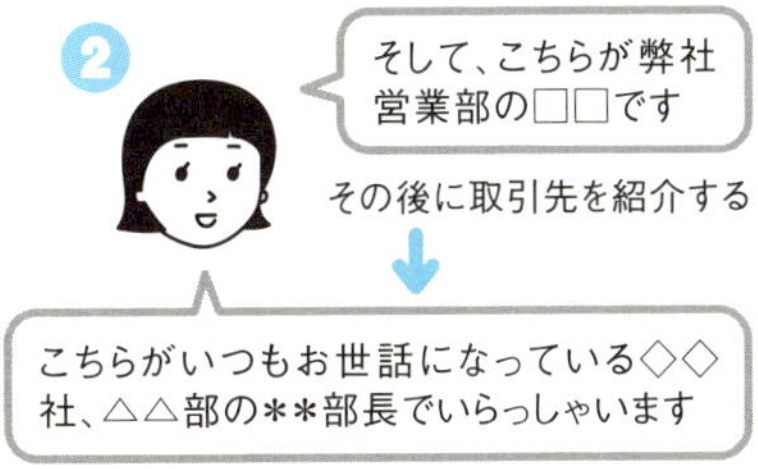


## ●社内の人間に敬称をつけるのはNG

✕ 「私どもの山田部長です」「うちの山田先輩です」

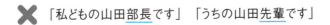

07

# 雑談で場と気持ちの緊張をときほぐす

point

- いきなり仕事の話はしない
- 軽い世間話を用意しておく
- 政治、宗教、他社の話題はNG

## ▼軽い雑談ができるようになろう

商談や打ち合わせの場では、相手にもどこか身構えるような緊張感があるもの。まずは軽い雑談で場をほぐしましょう。

話題は、世間話で十分です。天気やニュースのほか、近くのお店のこと、「駅から近いですね」「桜がきれいでした」など、環境や街の話題もいいですね。「あの店に行かれたことはありますか？」など、質問を投げかけるのも効果的な方法です。

オフィスがきれい、社員の方々が挨拶をしてくださるなど、好印象をもったことがあれば、ぜひ話題にしましょう。初対面の相手の心の壁を取り除くのには絶好の話題です。

あがり症の人や人見知りの人は、「今日はこれを話そう」と、いくつか話のタネを用意しておくといいでしょう。ただし仕事絡みでは、政治や宗教などの話題は避けます。もちろん、他社の話や経営の状況、多忙さを自慢するのもNGです。

いずれも好みを主張しすぎないようにして、笑顔で話すのがポイントです。

## 話題に困ったら「キドニタテカシ衣食住」

**キ** =「季節・気候」

「一気に寒くなりましたね」
「先日の大雨は大丈夫でしたか?」

**ド** =「道楽(趣味)」

「最近、ゴルフ、行かれていますか?」

**ニ** =「ニュース」

「○○のニュース、ご覧になりましたか?」

**タ** =「旅(旅行)」

「冬休みはどこかに行かれたのですか?」「こう寒いと温泉にでも行きたくなりますね」

**テ** =「テレビ」やSNSのネタ

「いまの朝ドラは人気があるみたいですね、ご覧になっていますか?」

**カ** =「家族」

「ご子息が大学に入学されたと伺いました」

**シ** =「仕事」

「年末になるとどうしてもバタバタしますね」「最近はお忙しいですか?」

**衣 食 住**

「ネクタイ、ステキですね、お似合いです」「お住まいはお近くなんですか?」

### 座る位置を少しずらすだけでも、緊張感はほぐれる

人は真正面に向かい合う、または(心臓のある)左側に立つ、座ると警戒心がわき、緊張するとも言われています。商談時は真正面ではなく、少し右にずらすか、右側の椅子に座ると緊張はほぐれます。

08

# 話し方で印象がぐっとよくなる

point

お互いがいい関係になるWin-Winを目指す
否定、拒否はせず、肯定の言い方で
目線や態度でも歩み寄っている姿勢を表す

## ▼否定ではなく肯定表現を使おう

仕事では、お互いに満足がいくWin-Winの関係が理想的です。お互いがいい関係になるにはどうしたらいいかを考え、双方にメリットが得られる合意点を探しましょう。それには話し方が大事です。

一方的に言いたいことを伝えるのではなく、相手の希望をきちんと聞くこと。そして、相手の話を否定せず、肯定的な表現を使うのがポイントです。

たとえば、相手が望む納期に無理がある場合、「現状だとこの納期は難しいです」と即、否定をしては、歩み寄りが感じられません。「納期の件、ご希望通り進めば理想ですが現状は難しく。スケジュールを変えれば○○までに仕上がります」と、難しい理由を述べつつ、プラス表現にすると、コミュニケーションはとりやすくなります。

依頼したり尋ねる際は、76ページでも説明したように、「恐れ入りますが」などのクッション言葉を使うのが有効です。

また、相づちをうつ、うなずくなど、相手の話に耳を傾けていることを態度で表すのも重要です。

## 印象がよくなる言葉一覧

- お話し中、大変恐縮ですが
- おかげさまで
- 恐縮ですが
- ご迷惑でなければ
- ご多忙中とは存じますが
- もし、よろしければ
- ご面倒をおかけしますが
- ご足労おかけしますが
- 申し上げにくいのですが
- お言葉を返すようですが

### 知らない、できないことは安易に答えない

自分ではわからない、できないなど、不安に思うことは、決して安易に「できます」と答えないこと。必ず、「持ち帰って相談させていただきます」「社で確認してまいります」と答え、自社に戻ったら早めに正確な返事をするようにします。

## 印象がよくなる話し方

### 否定ではなく肯定の表現を使う

✕「月末までだと間に合いません」

○**「来月になれば揃えられるのですが、どうかご検討いただけますでしょうか」**

✕「できません」

○**「いたしかねます」**

▶否定的な言い方は拒否感を与えてしまうので、できるだけ肯定的な表現に言い換えましょう。

### プラスの言葉を選ぶ

**「で」を「が」に変える**

✕「A案でいいです」

○**「A案がいいです」**

▶1字変えるだけで、積極的な印象に変わります。

**「は」を「も」に変える**

✕「A案はいいですね」

○**「A案もいいですね」**

▶「〜も」の言い方にするだけで、「加えてこちらもいい」というプラス表現に変わります。

## 相づち、うなずき

### 「それでは」

と

さりげなく提案する

例

それでは、
こちらではいかがで
しょうか

### 「おっしゃる とおりです」

と

同意する

例

おっしゃるとおりです、
この仕様では納期に
影響するということですね

### 「その場合は」

と

積極的に対応する

例

その場合は、
分納で納めるのでは
いかがでしょうか

### 「たしかに」

と

肯定する

例

たしかに、
大変かもしれません

09

# 「マジックフレーズ」でお客様の気持ちをプラスに

point

- 感謝、共感、謝罪のフレーズを覚えておく
- 頻繁に伝えることで効果が出る
- 言葉を言い換えて誠実さを伝える

## ▼感謝は3回、謝罪・共感は5回言って伝わる

自分の思っていることと、相手の受け取り方が異なるなど、コミュニケーションではギャップが生じてしまうことがあります。

しかし、「そんなつもりじゃなかった」という言い訳は、仕事では通用しません。伝える側と伝えられた側の温度差をなくすためには、こちらの気持ちを正確に伝える工夫が必要です。

そこで覚えておきたいのが、相手を導く「マジックフレーズ」です。これは感謝、共感、謝罪の気持ちを効果的に伝える魔法の言葉です。

なぜ、これらが「魔法」なのかというと、相手の心の動きにつながって、気持ちをプラスの方向に導くことができるからです。

具体的なフレーズは左ページに紹介していますが、効果を発揮するには、頻繁に投げかけるのがポイント。伝える側と伝えられる側には感覚に違いがあって、感謝を伝えるには3回の投げかけが必要、謝罪・共感は5回伝えてやっと、「1回言ってもらった」と相手は感じると言われています。

## 誠実な気持ちを伝えるマジックフレーズ

### 共感のフレーズ

「理解できているのかな」と
思われないために

- おっしゃる通りでございます
- ご指摘ごもっともでございます
- お気持ちお察しいたします

### 謝罪のフレーズ

「あの担当者はすみませんしか
言わない」と言われないために

- 申し訳ございませんでした
- ご迷惑をおかけしました
- お役に立てず恐縮です
- 大変失礼いたしました
- わたくしどもの不手際でございます
- お手数をおかけいたしました
- ご負担をおかけいたしました

### 感謝のフレーズ

「協力したのに感謝がない」と
思われないために

- 誠にありがとうございます
- いつもお世話になっております
- お力を貸していただき、恐れ入ります
- このたびは本当に助かりました
- おかげさまで、〜することができました
- ご協力に感謝いたします

### 気配りのフレーズ

「きちんと配慮ができる」と
思われるために

- ただいまお時間よろしいでしょうか？
- お忙しいところを恐れ入ります

10

# 打ち合わせ内容の確認と退席時のマナー

point

話の最後に決定事項、課題、不明点を確認

頼まれなくても議事録を作成しておく

帰社後はクイックレスポンスで対応する

### ▼お礼も兼ねて確認メールを送る

話が終わったからといって、ホッとして早々に帰ってはいけません。打ち合わせの最後には、

・今日決まったこと

・不明点

・今後の課題

などをお互いに確認しましょう。

課題が決まっている場合は、何を、いつまでに、どう進めていくかを具体的に決めておきます。そして左ページにある5つのマナーを守って、礼儀正しく訪問先を失礼します。

帰社後は、素早いレスポンスが大事です。打ち合わせの内容を簡潔にまとめて、時間をいただいたことへのお礼を兼ねて、メールを送りましょう。メールは記録になるので思い違いを防ぐこともできます。今後の課題も明確になります。

打ち合わせ中に回答できなかったことや追加点などは帰社後すぐ確認して、回答とともに送信をします。時間がかかる場合は、ひとまずメールで、いつ返答できるか見通しを伝えておくようにしましょう。

## 退席時の5つのマナー

### 1 感謝の気持ちを伝える

▶**時間をさいていただいたお礼を伝える。**

・「本日はどうもありがとうございました」

### 2 相手より先に立たない

▶**訪問先では「先に立たない、座らない」が鉄則。先に座ると横柄な印象に、先に立つと早く帰りたいように見える。**

・話が終わったら、相手が立ってから席を立つ。相手よりも少し遅らせる意識で行動しよう。

### 3 カップはまとめる

▶**出された湯のみやグラスは、テーブルの端に寄せる気遣いを忘れない。**

### 4 受付の人にもお礼

▶**帰る際は、受付の人にも軽く会釈。**

・「失礼いたします」「ありがとうございます」とひと言添えてから出ると好印象に。

### 5 コートやマフラーは外に出てから

▶**コート、マフラー、手袋は、玄関を出てからに。「どうぞこちらで」「お召しください」とすすめられた場合のみ、中で着てもかまわない。**

## メールに書くこと

### ① 時間をいただいたお礼

▶「お時間をいただきありがとうございました」

▶「お目にかかれて光栄でした」

### ② 打ち合わせ内容のまとめ

**決定事項**

**今度の課題**

▶箇条書きで簡潔、明確に

**今後の進め方について**

▶担当者とスケジュールも記載

*ここでは、添付ファイルで説明

**次回の日程**

### ③ 今後について

▶「今後ともどうぞよろしくお願いします」と添えるのも忘れずに

### 上司や先輩と打ち合わせの内容を共有

・ともに仕事を進めるメンバーや上司にも情報の共有ができるようccで加える。

・回答に急を要する場合は、帰社後にすぐに電話する。

・臨機応変なレスポンスが信頼関係を生む。

## 訪問後のフォローメールの例

宛先：abc@xxxxxxx.com

CC：def@xxxxxxx.com

CC：ghi@xxxxxxx.com

件名：本日は面談ありがとうございました ❷

○○株式会社
人事部　佐藤一郎様

先ほどはお忙しいところ、お時間をいただきましてありがとうございました。
また、資料送付のご依頼もいただき、重ねてお礼申し上げます。 ❶

本日の打ち合わせ内容をまとめました。
添付ファイルをご確認いただけますでしょうか。 ❷

御社のご期待に添えますよう努力してまいりますので、
よろしくご指導のほど、お願い申し上げます。 ❸

取り急ぎ、面談のお礼を申し上げます。

株式会社△△
営業部　安室正雄
〒○○○-○○○○
住所：＝＝＝＝
TEL：＝＝＝　FAX：＝＝＝
URL：＝＝＝
e-mail：＝＝＝＝

## 11 打ち合わせ日程の変更が生じたら必ずすぐ対応

point

- 頼んだ側からは極力変更はしない
- まずは謝り、候補日を出しながらご都合を聞く
- 理由は簡潔に、言い訳しない

### どうしても無理なら速やかに変更を

相手に時間をつくってもらったのですから、頼んだ側から日程の変更を言い出すのはNGです。とくに初めての営業の場合は、日程変更するとチャンスがなくなると考えておきましょう。

とはいえ、仕事ではトラブルが起きたり、変更は生じるもの。訪問できないとわかった時点で、すぐにお詫びの連絡を入れましょう。

「少し遅れる程度だし、何とかなるかも」と、ズルズルと時間調整をした結果、直前になってキャンセルするのは最悪のパターンです。

変更連絡を入れる前には、必ずこちらの希望日を複数用意しておきます。同行者のスケジュール確認もスピーディに行います。

「大変申し訳ありませんが、日程の変更をお願いできますでしょうか？」「トラブルでどうしても時間がとれなくなってしまいました」などと、率直かつ簡潔に説明してお詫びした後、候補日を複数あげて、再度、調整をお願いしましょう。

## スケジュール変更をお願いする手順

謝罪 → 理由を説明 → 違う日時など代案を出す → お願いして、先方の了承を得る → 感謝を述べる



## 印象を悪くしない言い方

申し訳ありません。せっかくアポをいただいたのですが、
同行する役員の出張が日程変更となり、
お約束の日に伺えなくなってしまいました。
役員は御社の古川部長にぜひお会いしたいと申しており、
日程を変更させていただけませんでしょうか。
つきましては、日程をそのまま1週間のばしていただくのは
いかがでしょうか。
お手数ですが、ご検討いただけたら幸いです。

### 言い訳はNG

変更のお願いでは、くどくどとキャンセルの理由を説明してはダメです。言えば言うほど、言い訳に聞こえてしまいます。
「大事な用が入った」というお詫びは最悪！ これだと、「あなたより大事な相手がいます」と言っているようなもの。相手を軽んじた言い方は絶対しないこと。

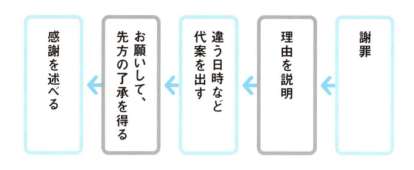

12

# 社外での打ち合わせは、静かに話せる場所を選ぶ

point

- 話し声や音楽のうるさい場所はＮＧ
- 広いテーブルのある店を選ぶ
- テーブルの間隔が広いとベター

### ▼スペースに余裕のある静かな店を選ぶ

社外で打ち合わせをする場合は、静かな店を選ぶのが一番のポイントです。混み合っている店、話し声や音楽が大きな場所では、仕事の話はできません。資料を広げることもあるので、テーブルが広めで、隣の席との間隔に余裕のあるお店がいいですね。

待ち合わせは、駅の改札口や出口など、わかりやすい場所にします。店で落ち合う場合は、必ず早めに行って席を確保しておきましょう。

初対面なら自分の特徴を伝えておくこと。念のために事前に携帯電話番号をお知らせしておきます。

仕事の話がメインなので、注文はコーヒーや紅茶など、無難なものにすべき。食事をするときは、時間のかからないメニューや相手と同じものを選びます。相手を待たせない心遣いも大事です。

### ▼スマートな会計で気を使わせない

代金は、基本的に打ち合わせをセッティングした側が払うのがマナーです。打ち合わせが終わったら、さっと伝票を持って支払いをすませます。

## 社外での打ち合わせは予約を入れて段取りよく

**1 店選び**

・静かに話せる場所を選ぶ。
・前もって予約するか、早めに行って席を確保する。

**2 待ち合わせ**

・店に近い大きな建物、駅の改札口などわかりやすい場所を選ぶ。
・お店の場所・名前・電話番号を相手に知らせておく。

**3 入店時**

・店の奥など話しやすい席を選ぶ。
・広めのテーブル席を確保する。

**4 注文**

・相手の注文を先に聞いてオーダーする。
・食べるのに時間のかかる料理やデザート、こった飲み物は避け、コーヒーなど無難なものに。

**5 商談**

・商談内容によっては声のボリュームを落とすなどの配慮が必要。
・周囲に聞かれる恐れがあるので、機密事項などうかつに話さないこと。

**6 会計**

・相手に払わせることのないよう、伝票は手元に。
・商談が終わった段階や相手がトイレに立ったタイミングで先に会計をすます。
・領収書をもらうのも忘れないように。

Part 6

# 接待・社内飲み会でのマナー

01

# 接待は準備から始まる

point

大事なのは目的の確認と相手の好み
日程調整と店の予約は早めに
会社御用達の店を知っておく

## ▼人選と店の予約は上司の了解を得て

接待とは、日頃のお礼や商談がらみでお客様や取引先をもてなすこと。仕事の場を離れてお互いを知り合い、相手に喜んでもらうための時間です。

相手のことを第一に考えた接待のポイントは次の8つです。

①人選
②日程調整
③予算申請
④会場選び
⑤予約
⑥詳細連絡
⑦当日の準備
⑧最終確認

こちら側の出席者は、接待相手の役職と同格か、格上にあたる適任者にお願いします。従って日程調整は早めにすべきです。

店は高級そうなところを選びがちですが、気さくな居酒屋、B級グルメが好きな人もいるので、事前に相手の好みを調べておくと安心です。会社で接待

## お店選びの4つのポイント

### 1 接待の目的

親睦を深めたいならリラックスできる店、打ち合わせを兼ねたビジネスディナーなら静かな店など目的に合わせる。

### 2 相手の好み

高級志向、和食好き、お酒好き、B級グルメ好きなど相手の好みを重視。

### 3 わかりやすい場所

わかりづらかったり駅から遠い場所は避ける。先方からのアクセスのよさや帰りやすい沿線を選ぶ。

### 4 予算

接待はまず予算ありき。参加人数や交通費、お土産の予算も含めて、トータルで検討する。



# Part 8

に使っている店も、事前に把握しておきましょう。

初めて行くお店なら、できれば下見をしておきたいですね。ランチでもいいので、店の雰囲気、メニューの内容や飲み物は豊富にあるか、接客が丁寧かどうかもチェックをしてから、予約しましょう。

接待をしたからといって、相手に心理的な圧力をかけてはいけません。とくにまだ信頼関係が築けていない初めての接待で、受注につなげたい、情報がほしいといった下心が見え隠れすると、相手はあなたの会社を警戒するようになります。

初回の接待は、相手のことをよく知りたいという信頼関係の構築を目指して臨みましょう。

夜遅くまで相手を連れ回すのも、翌日の仕事に差し支えるので控えるべき。相手に楽しんでもらってこそ関係は深まるものです。不愉快な思いをさせないように、きめ細やかに心を配りましょう。

## 接待前日までにやるべきリスト

### 1 □ 人 選

- 上司や先輩に相談して参加する人を決める。
- 予算に応じて参加人数も変わる。

### 2 □ 日程調整

- 上司、先輩の日程を確認。
- 相手の都合を優先させながら、複数の候補日を出して日程を調整する。

### 3 □ 予算申請

- 参加人数やお土産、タクシーなどの交通費も含めて予算を出して、上司の了承を得る。

### 4 □ 店選び

- 店の候補を考え、雰囲気やメニューを伝えた上で上司に了解を得て決める。

### 5 □ 店の予約

- 目的と予算に応じて料理とお酒の内容を相談。
- 個室や店の奥など、席の希望も必ず伝える。

### 6 □ 詳細のご案内

- 日時、店の住所と電話番号、アクセス、こちらの出席者を知らせる
- 開始時間は相手の都合に合わせる。
- 社長や役員なら18時あたり、早めに始める。

### 7 □ 当日への準備

- 必要に応じてお土産や送迎の車の手配をする。
- 前日か、遅くても当日の午前中には準備をすませる。

### 8 □ リマインド

- 挨拶を兼ねて、前日に「明日はよろしくお願いします」と最終確認の連絡をする。

02

# 接待当日に気を配ること

point

お店側に接待、会食だと伝えておく
早めに到着して席次やトイレの場所を確認する
お土産はお見送りの際に、上司から渡してもらう

### 開始時刻の15分前には到着

接待では、あらかじめ料理をオーダーしておくか、コース料理にすると、オーダーの手間が省け、会話が中断するのも防げます。

お店側には会食であることを伝えて、会話の邪魔にならないように料理を運んでもらうなどの配慮をお願いしておきましょう。

「接待なのでどうぞよろしくお願いします」というひと言を伝えておくだけでも、お店側の気遣いが変わってきます。

当日は早めに行って、席次やトイレの場所はもちろん、自分の身だしなみもチェックします。接待する側は、下座に座って相手の到着を待ちますが、大事なお客様の場合は、担当者が店の前で到着を待ちます。

### 席次のルール

席次は、当然、接待される側が上座に、下座には自分たちが座ります。部屋の造りによって、上座下座が変わってくるので、当日早めに行って、席を決め

ておきましょう。どこが上座になるかわからない場合は、お店の人に尋ねるといいでしょう。

### ▼食事中は会話にも参加する

会食中は飲み物が空になっていないか、あいているお皿はないかなど、気を配ります。トイレに立たれる場合はご案内するなど、相手が快適に過ごせるように努めましょう。

新人にとって難関なのは会話でしょう。上司の話を黙って聞いているだけでは、印象に残らないので、事前に話題を用意して、相手に話を振ります。

場が白けることのないよう、相手の趣味や出身地、業界の最新事情などの話題を用意しておくといいですね。

## 席次のルール

### ●和室

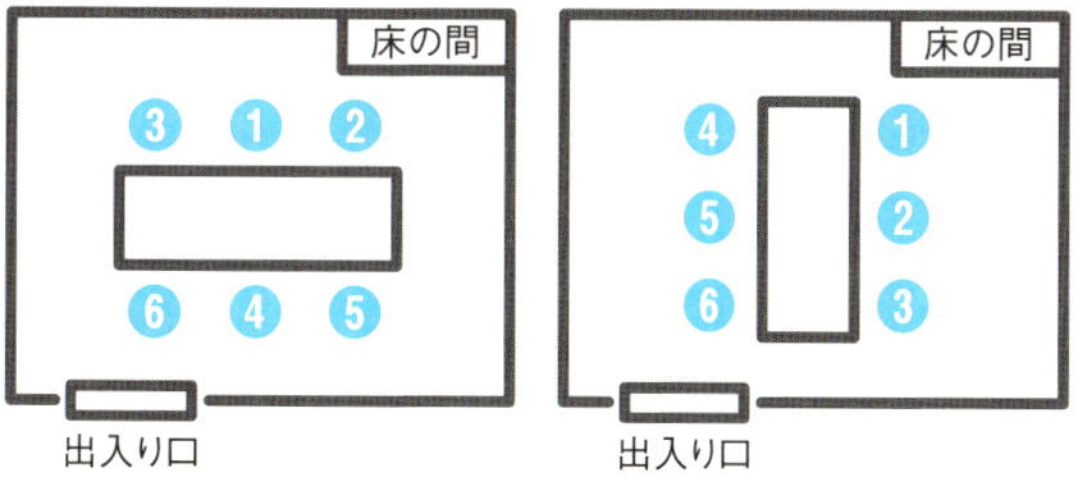


原則は入り口から遠い席、床の間の前が上座と覚えておく。

### ●レストランのテーブル席

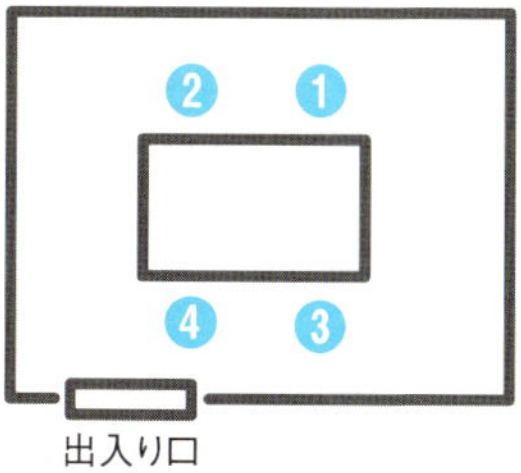


入り口から遠い奥の席が上座。

### ●中華料理の円卓

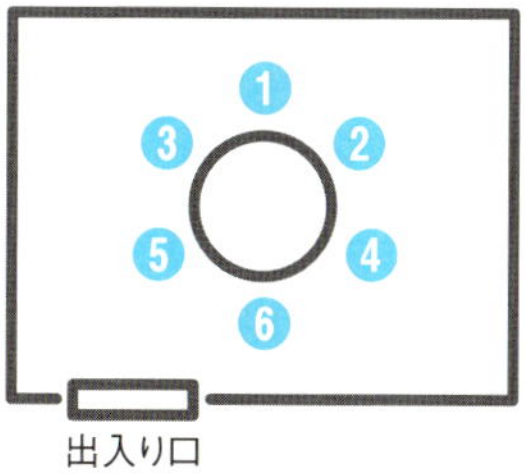


入り口から遠い席が上座、上座から見て左手が2番目、右手が3番目と続く。

相手への話題の振り方では、「3：2：1」のバランスが理想です。相手に〝3〟話題を振って、自分は〝1〟話し、同行者の上司にも〝2〟話してもらう。このバランスを覚えておきましょう。

ただし、業界の話といっても、機密情報やライバル会社の話、政治や宗教の話はタブーです。心得ておきましょう。

## ▼タクシーを手配する

相手の役職や店の場所、時間によっては、帰りの車の手配も必要です。予算にも関わるので、上司と事前に相談して、タクシー代やタクシーチケットを封筒に入れるなど、準備しておきましょう。

タクシーを呼ぶ場合は、会の進み具合に合わせて、お店の人に呼んでもらいます。乗車したら、「ご自宅までご利用ください」とひと言添えるのもいいでしょう。

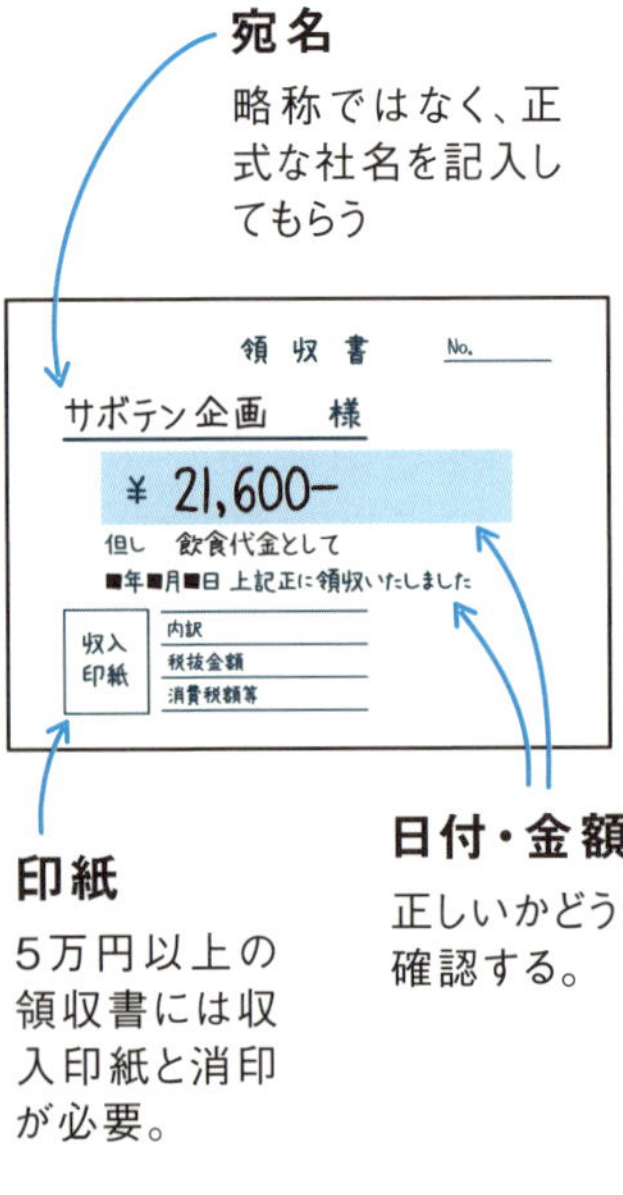


### 相手に気づかれないように会計をすませる

会計は、デザートが終わったタイミングで、相手に気づかれないようレジへ行ってすませます。

## お土産は相手のことを考えて用意する

お土産は持ち帰りやすいものが一番です。
以下をポイントに選びましょう。

**OK**

- 持ち帰りやすいもの
- 家族にも喜んでもらえるもの
- 日持ちするもの
- 話題のもの
- 自分では買わないけれど、「あったらうれしいな」と思うもの

「評判の○○が手に入りましたので、よろしければお召し上がりください」「お荷物になりますが、ほんのお礼の気持ちでございます」などと、ひと言添えて渡すと気持ちが伝わります。上司がいる場合は、上司から渡してもらいます。

**NG**

- 明らかに高価すぎるもの
- 日持ちせず、すぐ冷蔵が必要なもの
- かさばったり重くて持ち帰りにくいもの
- 好き嫌いがはっきりしやすいもの

**お渡しするタイミング**

お店に預けておいて、

①締めの挨拶の後　②お見送りの際　③タクシーに乗車する際に渡す

## 接待当日の流れ

随所に気遣いすることで、もてなす心が表れる。

### 1 到着前の準備

席次、トイレ、メニューを確認し、下座で待つ。

**気遣いPoint**
お土産は手元に置かず、店に預けておく。お店の人に、「接待なのでよろしくお願いします」と伝えておく。

### 2 お出迎え

接待する側は下座に座って迎える。大事なお客様は店の前まで担当者がお出迎えする。

**気遣いPoint**
「本日はご足労をいただき、ありがとうございます」とお礼を言ってご案内する。コートや大きな荷物などはひと声かけてお預かりして、お店の人に渡す。

### 3 上司のお礼からスタート

まずは上司からお礼を述べてもらう。出席者が初対面の場合は、まず社内の人を主賓に紹介する。接待する側の上位者が乾杯の挨拶をする。

**気遣いPoint**
乾杯は、お酒が苦手でもグラスを手にする。口をつけるだけでもよい。

### 4 食事のとき

相手の飲み物が空になっていないかチェック。会話は接待の主役に話してもらうよう心がける。

**気遣いPoint**
主賓がお酒が苦手なら、ミネラルウオーターやソフトドリンクをオーダー。場合によってはお店の人に温かいお茶を用意してもらう。トイレに立たれた場合は、場所をご案内する。

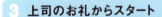

## 5 お開き前

終了時間が近づいたりデザートが終わるタイミングでそっとレジに立つ。お土産があるならピックアップ、またはお店の人に持ってきてもらう。必要に応じてタクシーを手配。二次会に行くなら予約を入れる。

気遣いPoint
相手に伝票や財布、会計をしている姿を見せない。
二次会は強要しない。行ったとしても長居しない。

## 6 お見送り

店の前までお見送りをする。タクシーチケットは運転手に渡すか、封筒に入れてお客様に渡す。

気遣いPoint
「お迎え三歩、見送り七歩」という言葉があるように、おもてなしの心を表すにはお見送りが大事。徒歩の場合は、相手が背中を向けるまで、タクシーの場合は車が見えなくなるまで見送る。

### 店員への横柄な態度は不快指数を上げる

料理が遅かったり、飲み物が間違っていた場合でも、横柄な態度を見せないこと。えらそうな態度は、場を不快にさせ、品格まで疑われる。店員に命令口調などもってのほか。誰に対しても謙虚に、丁寧に「ありがとう」と感謝の言葉を忘れないこと。店員をフォローしつつ、丁寧な対応をお願いするなどお店を味方につけると、次回の予約のときに力になってくれるはず。

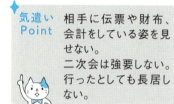

03

# 翌日の午前中にはお礼のメールをする

point

お礼はメールでOK
接待した側でもお礼は必ず言う
ひと言、当日の感想を添える

### ▼接待はお礼を伝え合うのも大切

会食後は互いにメールを出し合うのが、社会人のお決まりです。たとえ接待した側であっても、必ず朝一番に、時間をいただいたことへのお礼を伝えましょう。

電話でもかまいませんが、朝は誰でも忙しい時間帯なので、メールのほうがいいでしょう。

同じお礼でも、「昨日はありがとうございました」といった、形式ばった言葉だけでは味気ないものです。「○○の話題はとても興味深く、勉強になりました」などと、印象に残ったことがらを書いて、次につながるようなメッセージを添えます。

先方の社員が複数同席した場合、送信先は同席したなかで一番役職が高い人と担当者だけでかまいません。そのほかの人には、「同席いただいた方にもよろしくお伝えください」と書き添えましょう。

こちらの社員が複数同席した場合は、担当者が代表して送ります。「部長の○○からくれぐれもよろしくお伝えするよう申しつかっております」と書き添えます。

## 接待後のお礼メール

**件名：** 昨日のお礼　などシンプルなものでOK。

**宛名：** 相手の社名・部署名・役職名・氏名を書く。

**本文：** 最近はメールをスマートフォンで確認することも多いので、本文は簡潔に。読みやすさを考えて書く。

**挨拶：** 書き出しは、「お世話になっております」の決まり文句か、「昨日はご多忙のなかをお時間いただき～」とお礼から始めてもOK。

「貴重なお話が伺えました」「○○のお話をじっくり伺えて大変有意義でした」など、印象に残ったことを具体的に簡潔に書く。

**締めくくりの挨拶：**

最後は「今後ともどうぞご指導のほどお願いいたします」と末尾の挨拶を。「取り急ぎ」という文句は、あらたまった相手には使わない。「メールにてのお礼で失礼いたします」と書き添える。

### スマホからのお礼メールでもOKか？

外での仕事も多い昨今、お礼のメールはスマートフォンからの送信でもかまわないが、「携帯からのメールで失礼いたします」と冒頭に書き添えておく。

04

# 社内イベントでの幹事役を任されたら

point

- 段取り上手で進行管理能力を発揮
- 目的に合った店を選ぶ
- 案内にも気遣いを見せると好感度アップ

## 幹事役の役割は参加者を楽しませること

イベントや飲み会の幹事役を頼まれたら、面倒に思わず、ぜひ引き受けてみましょう。

幹事になったら、まず目的と予算を確認し店選びを。何のために誰が集まるのか、予算によっても選び方が変わります。会社でよく使うお店もあるはずなので、先輩に聞いてみましょう。

参加者への案内は早めに送ります。「プロジェクトの親睦を深めるために、メンバーのみなさんにご案内しています」と、誰が集まり、どのような会なのかをきちんと伝えます。

日程は、まず上司に都合を聞いた上で、あらかじめ候補日をいくつか立てます。その際、複数人数に候補日を提示できる日程調整ツールを使うと便利です。いつまでに返事がほしいかも伝えること。

参加、不参加は開催場所や時間によっても変わるので、店が決まっていない場合でも「○○エリアで○時~○時頃の予定です」と、具体的に提示すると、参加率も上がります。「苦手な食べ物があれば教えてください」などと、ひと言添えましょう。

## 幹事になったら当日までにやること

**1 メンバーに声がけ**

▼会の目的に沿って、必要なメンバーに声をかける。

**2 日程の案内**

▼『調整さん』『伝助』などの日程調整ツールなどを使って候補日をいくつか提示すると、スムーズに調整できる。必ず参加表明の締切日を伝えること。

**3 大体の予算を決める（1人あたりいくらか）**

**4 店の候補をあげる**

▼アクセスがよく、会の目的にあった店（個室、テーブル席か座敷かなど）をセレクト。候補を出してメンバーに相談。

**5 メンバーに候補店を知らせる**

**6 店を決定、予約を入れる**

□料理の量と内容は十分か？
□金額は予算に合っているか？
□時間制か？
□変更する際の期限、キャンセル料金は？

▼自分の好みで判断せず、主役と上司の好みも反映させる。

**7 会費の金額と徴収方法を決定**

▼会費制にして最初にもらうか、精算時に割り勘にするかを決める。参加者リストを作っておくと、会費徴収のときに便利。

**8 決定日時を知らせる**

▼日時、お店、お店へのアクセス、会費、徴収方法などを知らせる。

▼前日には参加者に再度、店名と日時、場所をリマインド。お店にも確認の電話を入れる。

## 幹事はこんなことも決めておこう

- □ 席次
- □ 司会進行の段取り
- □ 挨拶してもらう人へのお願い
- □ 必要に応じてプレゼントの調達
- □ 会計の段取り
- □ 二次会の店の候補を出しておく

進行、挨拶は誰がやるか
（上司に頼むなら前もってお願いしておく）、
催しの企画・進行の段取り、
歓送迎会等で花束や
プレゼントが必要ならその手配。
二次会のアタリもつけておく。

## 誤解を招かないよう会計は明快に

飲み会の最後に、会計でモタモタすると場が白けることがあります。また、お金が絡むと、細かいことでもトラブルになりがちなので、誤解を招かないよう会計は明快にしましょう。

大人数の場合は、事前に会費を集めておくと合理的です。日時が決まった時点で予算を伝え、リストを作って徴収すると、もらい忘れや間違いも防げます。集金が当日になった場合は、店に到着した順から集めていくと、後でバタバタせずにすみます。

会費制の場合は、多めに集めておくのがポイントです。追加の徴収は気が引けるもの。払う側も、お金が戻ってくるのと、足りなくて追加で払うのとでは、最終的に同じ金額でも印象が違ってきます。

さらに後日、きちんとメールで会計報告をすると、信頼度も高まります。

少人数での飲み会で割り勘にするときは、必ず伝票をみんなに見せて、電卓で計算を。お金のことは迅速に明快にするのが信頼を得るコツです。

**【少人数の飲み会のNG会計】**

カードでさっさと勘定をすませ、「○○○円ずつ」と、集金するのはNG。気をきかせたつもりが、会計が不透明になってしまう。同様に自分だけが伝票を見て集金するのもNG。

お店の人に、
「お世話になりました」
のひと言を忘れずに。

01 ▶ 仕事関係の結婚式の招待状には速やかに返信
02 ▶ ご祝儀は相場を参考に、できれば事前にお渡しする
03 ▶ 訃報を聞いたら上司に相談、参列するならふさわしい服装で
04 ▶ 葬儀には定刻より前に到着する

# 冠婚葬祭のルール

# 01 仕事関係の結婚式の招待状には速やかに返信

point
上司に必ず報告をする
メッセージを添えて返信する
欠席は理由を書かなくてもよい

## お祝いごとにはできるだけ出席を

仕事の関係者から、結婚式の招待を受けることがあります。喜ばしいことです。できるだけ出席しましょう。

相手が取引先の場合は上司に報告を。会社がお祝いとしてご祝儀を出してくれる場合もあります。ただし披露宴に出席するなら、個人でもお祝いは用意すべきです。

招待状が届いたら、遅くても1週間以内には返事を出しましょう。主催者側では参加人数に応じて、席次や引き出物の調整をするからです。

返信用はがきは、「御」はあなたへの敬語なので、必ず二重線で消すなど、書き方に決まったルールがあります。余白には「おめでとうございます」というお祝いメッセージをひと言添えます。

やむを得ず欠席する場合も、祝福のひと言を添えるのがマナーです。ただし、具体的な欠席理由は書かなくてもかまいません。

できれば祝電などで、お祝いの気持ちを送るといいですね。インターネットで簡単に申し込みできます。

## 招待状　返信はがきの書き方

出席、欠席、いずれの場合もメッセージを書き添えて、丁寧に書きましょう。

### 出席の場合

【裏】

御出席
させていただきます
御欠席

ご結婚
おめでとうございます
喜んで出席させて
いただきます

〒000-0000
御住所　東京都〇〇〇〇〇〇〇
御電話　03-0000-0000
御芳名　〇〇〇〇

「御」を二重線あるいは「寿」で消し、「させていただきます」と書き添える
「御欠席」を二重線で消す

御住所の「御」、御芳名の「御芳」を二重線で消し、住所と名前を書く。郵便番号の欄がなくても、必ず書き添える。

✖ 御出席させていただきます

✖ 御欠席

**メッセージの例**

このたびは誠におめでとうございます
当日を楽しみにしております
ご招待ありがとうございます　お手伝いできることがあれば、おっしゃってください

### 欠席の場合

【裏】

御出席
御欠席

ご結婚
おめでとうございます
大変残念ですが
欠席させて
いただきます

〒000-0000
御住所　東京都〇〇〇〇〇〇〇
御電話　03-0000-0000
御芳名　〇〇〇〇

出席できないことへのお詫びとお祝いの言葉を添える。

✖ 御欠席させていただきます

✖ 御出席

**メッセージの例**

このたびは、誠におめでとうございます
参加できず残念ですが、お幸せを心からお祈りしております
せっかくご招待をいただいたのに申し訳ありません　よい披露宴になることと思います

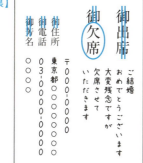

## 02 ご祝儀は相場を参考に、できれば事前にお渡しする

**point**

- お祝いは、新札で奇数が基本
- 名前はフルネームで、住所と金額も書く
- 披露宴に出席するなら「略礼装」が基本

### ▼ご祝儀は数人で連名にしてもよい

ご祝儀は送り送られるもの。お互い様の精神で、お祝いの気持ちを形にするものです。

慶事、弔辞にかかわらず、社会人になったら付き合い上の出費も必要になるので、普段からある程度備えておくことも大事です。

金額は228ページの表を参考に、新札を用意します。奇数にするのが基本ですが、一対となって縁起がよいことから2万円（1万円札を2枚、あるいは1万円札を1枚と5000円札を2枚で奇数枚にする）にすることもあります。

上包みには必ずフルネームを書きます。何人かと一緒にお祝いをするときは、連名でもかまいません。右から地位、年齢の高い順にフルネームで書きます。

抜けがちなのは内袋の記入です。内袋の表には金額を、裏には必ず住所と名前を書いておきましょう。

### ▼袱紗は包み方にも決まりがある

本来、お祝いは事前に渡すのが作法ですが、結婚

式当日でもかまいません。このとき、袱紗に包んで持参すると美しく見えます。

受付で袱紗を広げ、祝儀袋を両手で持ち、名前を相手に向けて差し出します。「本日はおめでとうございます」とお祝いの言葉を述べて、自分の名前を告げます。

袱紗は、慶次の場合は赤やオレンジなど明るい色を用います。弔事には緑やグレーなど寒色系を用いますが、紫の袱紗ならどちらでも使えます。

祝儀袋を袱紗に包むのは、清らかな状態でお渡しするためなので、シワや汚れがないように。

そして、慶次と弔事では包み方が異なるので、間違わないように注意しましょう。

## 白系の服装は男女ともにNG

披露宴に出席するなら、服装にもお祝いの気持ちを込めてフォーマルな「略礼装」で参加します。

裏

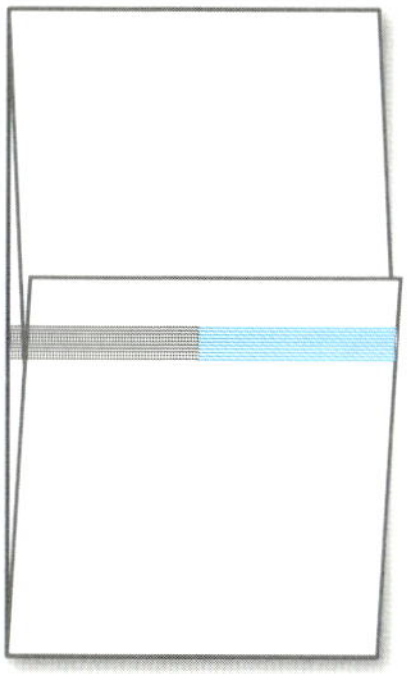

慶事では下側を上にかぶせる。

表

【連名の場合】

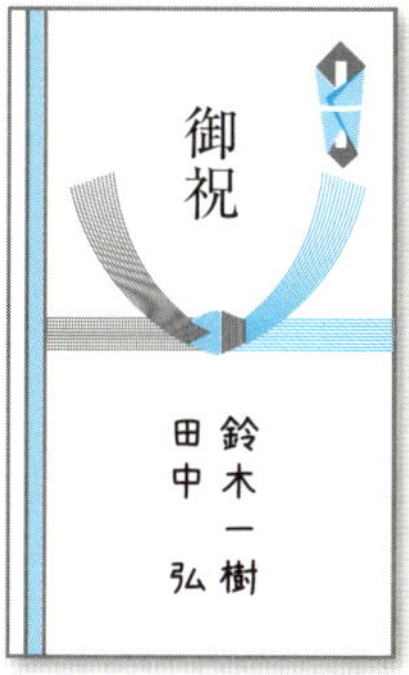


目上の人から順に右から並べて書く。
4名以上は「○○ほか×名」と書いて別紙に連記し、袋に入れる。

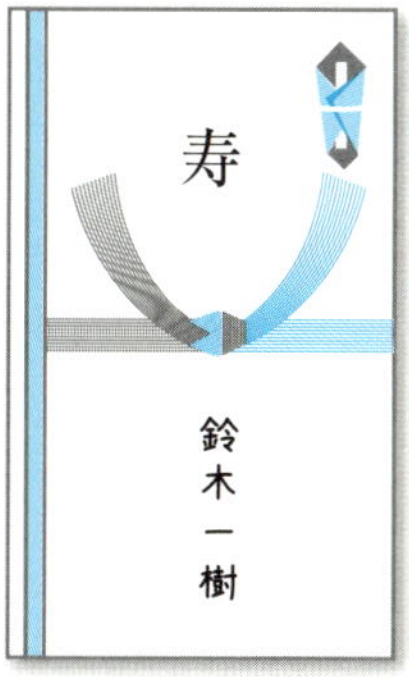


表書きは、フルネームで目立つように書く。

略礼装とは、男性の場合は黒のスーツ。ただし、レストランウエディングなどで平服指定の場合は、ダークスーツでもいいでしょう。

女性は肌の露出が少ないフォーマルなワンピースやアフタヌーンドレス、式が夜の場合は光沢のある素材のカクテルドレスもいいですね。

アクセサリーは、昼はパールなど光沢の少ないもの、夜は光り物を身につけるといいでしょう。爬虫類素材のバックや、毛皮、革製品は避けましょう。

和装の場合は、未婚の人は「振り袖」や「訪問着」となりますが、格式ばった式場でない場合は、「小紋」でもかまいません。

男女ともに白系統の服装はタブー。白は新郎新婦の色だからです。オシャレをしたくても新郎新婦よりも派手にならないよう気をつけましょう。

## 会費制の結婚式の場合

レストランウエディングなど、会費制の結婚式では、ご祝儀を不要にしている場合があります。

参加者への過分な負担を考慮しているので、不要の場合は用意しなくてよいでしょう。会費より多い金額を渡すのは、かえって相手への負担になります。

**お祝い金の相場**

| 間柄＼年代 | 20代 | 30代 |
|---|---|---|
| 同僚<br>先輩<br>後輩 | 2万円 | 3万円 |
| 上司 | 3万円 | 5万円 |

＊金額は目安です。
相手との関係の深さを考慮して
決めましょう。

## 慶事の袱紗の包み方

慶事なら暖色、弔事は寒色、紫の袱紗なら慶事弔事、両方に使える。
ご祝儀は清らかな状態でお渡しするよう袱紗に包む。
受付の前でほどき、新郎か新婦側かを告げて渡す。

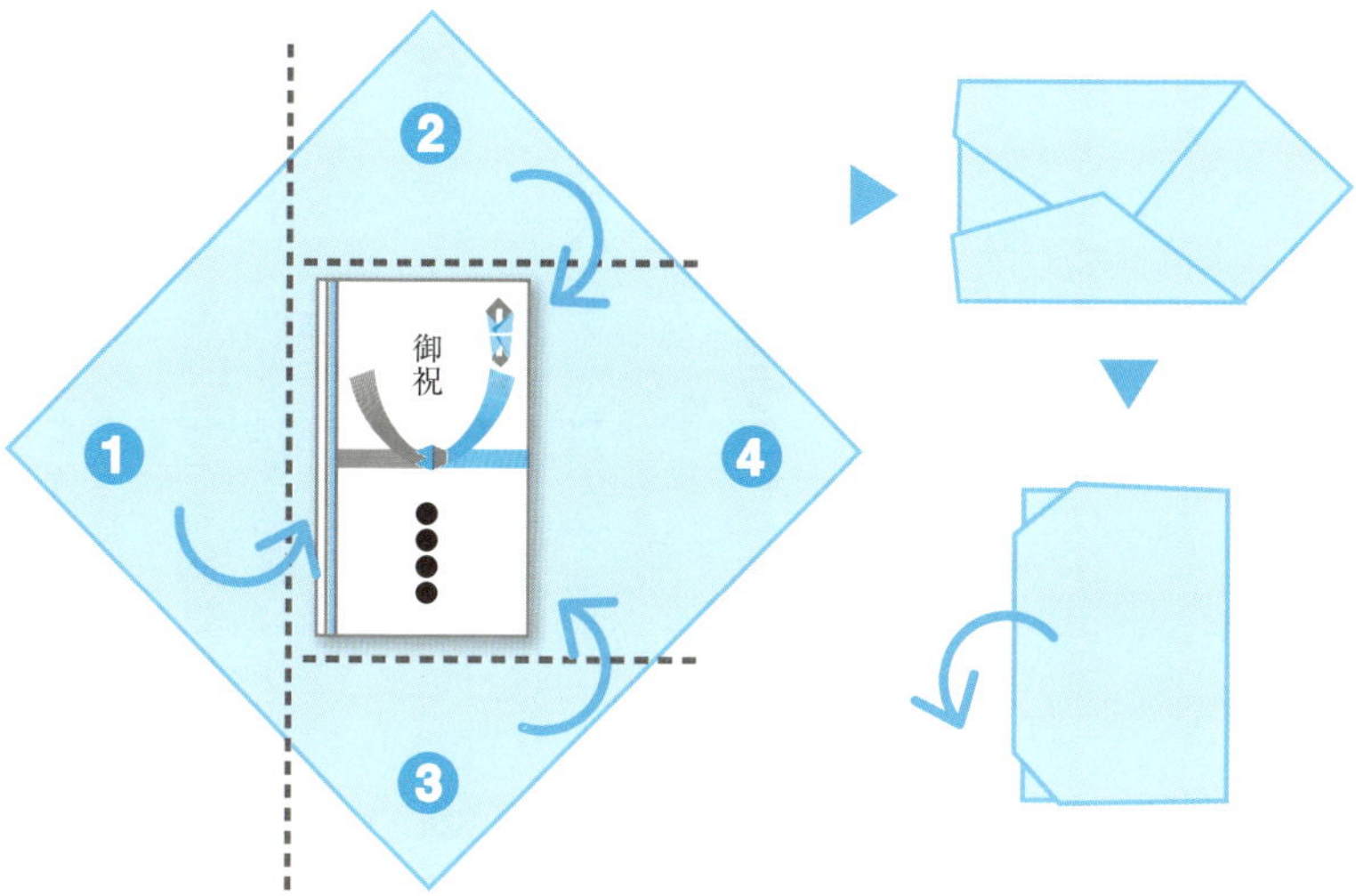


- 袱紗を広げて真ん中に祝儀袋を置く。
- 左、上、下、最後に右を折る。
- 右の角を折り込み、留め具があれば留める。

### 祝儀袋のワンポイントアドバイス

祝儀袋は「結びきり」の水引。引けば引くほど引き締まることから「強く結ばれる」という願いが込められている。蝶結びは一方を引くと分かれるので慶事では、縁起が悪いとされる。

## 03 訃報を聞いたら上司に相談、参列するならふさわしい服装で

**point**

社会人になったら喪服は用意しておく
社員やその身内の場合は手伝いに行くのが通例
お悔やみの電話は控える

### ▼取引先の訃報の場合は社内ルールに従う

慶事と同様に、仕事関係で弔事に関わることもあります。取引先なら会社を代表して葬儀に参列したり、同じ会社の社員やその家族の葬儀なら、受付や案内係として手伝いに出向くこともあるでしょう。

お祝いごととは違って、訃報は突然届くものなので、恥ずかしくない振る舞いができるように、弔事のマナーを知っておくべきです。

取引先から訃報を受けたら、通夜、告別式の日時と場所、喪主の名前を確認して、すぐに上司、関係部署に連絡します。

葬儀に誰が参列するのか、お香典の金額や名前はどうするか、参列しない場合は供花《きょうか》や花輪、弔電を手配するかなど、会社としてどう対応するかの指示を受けましょう。

供花や花輪は、葬儀社か葬儀会場に連絡して申し込みます。

弔電はweb上から申し込むこともできます。文面はあらかじめ定型文がいくつか用意されていますが、念のため内容を上司に確認しましょう。

社員やその家族の訃報の場合は、社内の通例に従って参列するかどうかを決めますが、日頃からお世話になっているなど親しい間柄なら葬儀に駆けつけたらよいでしょう。

昨今では、仕事関係の場合、通夜式だけに参列する人も多いようですが、通夜は本来、親しい人が集まって個人をしのぶ場です。

とくに親しい間柄でない限りは、葬儀に参列するほうがいいでしょう。もちろん、スケジュールによっては通夜式だけの参列でもかまいません。

## 参列できないときは弔電を送る

参列できないとき、電話でお悔やみを言うのは控えましょう。相手は通夜や告別式の準備に追われているからです。気持ちは弔電で伝えます。

通夜式や葬儀に参列する場合は、お香典は不祝儀袋に入れて持参します。表書きの書き方は宗派によって異なりますが、「御霊前」と書いておけば、どの宗派でも使えます。

服装は通夜式の場合は喪服かダーク系のスーツ、葬儀の場合は喪服で参列します。

弔事は予期せずにやってくるものなので、訃報を聞いてから慌てることのないよう、社会人になったら、喪服一式は早めに用意しておきたいですね。

## 訃報を受けたら

### ❶ 葬儀の日時を確認

訃報を受けたときは、

- いつ亡くなったのか
- 通夜と告別式の日時と場所、喪主の名前を確認
- ほかに誰に伝えておくべきか
- 手伝いが必要かどうかも確認する

▶ 仕事関係の場合は、会社としての対応を上司に相談する。

### ❷ 香典の準備

**式に参列する場合**

宗教に合う形で用意する（金額は下記参照）。
通夜、告別式の両方に参加するなら香典は通夜式に持参する。

● お香典の金額の目安

| | |
|---|---|
| 仕事関係 | 5000～1万円 |
| 友人・知人 | 3000～5000円 |

**供花や供物を贈る場合**

葬儀を取り仕切る葬儀社に連絡して申し込む。

## ③ 喪服の用意

▶急な通夜の場合は、平服でもかまわないが、派手なもの、明るい色、カジュアルな服装は厳禁。

**男性**

黒か濃紺のスーツに
黒のネクタイ

**女性**

地味な服装でアクセサリーははずし、薄化粧

**覚えておこう！**

新札だとあらかじめ不幸を予期していたかのように受け取られるという理由から、香典では新札ではなく、折り目のついたお札を入れる。

## 不祝儀袋の書き方

### 外袋の表書き

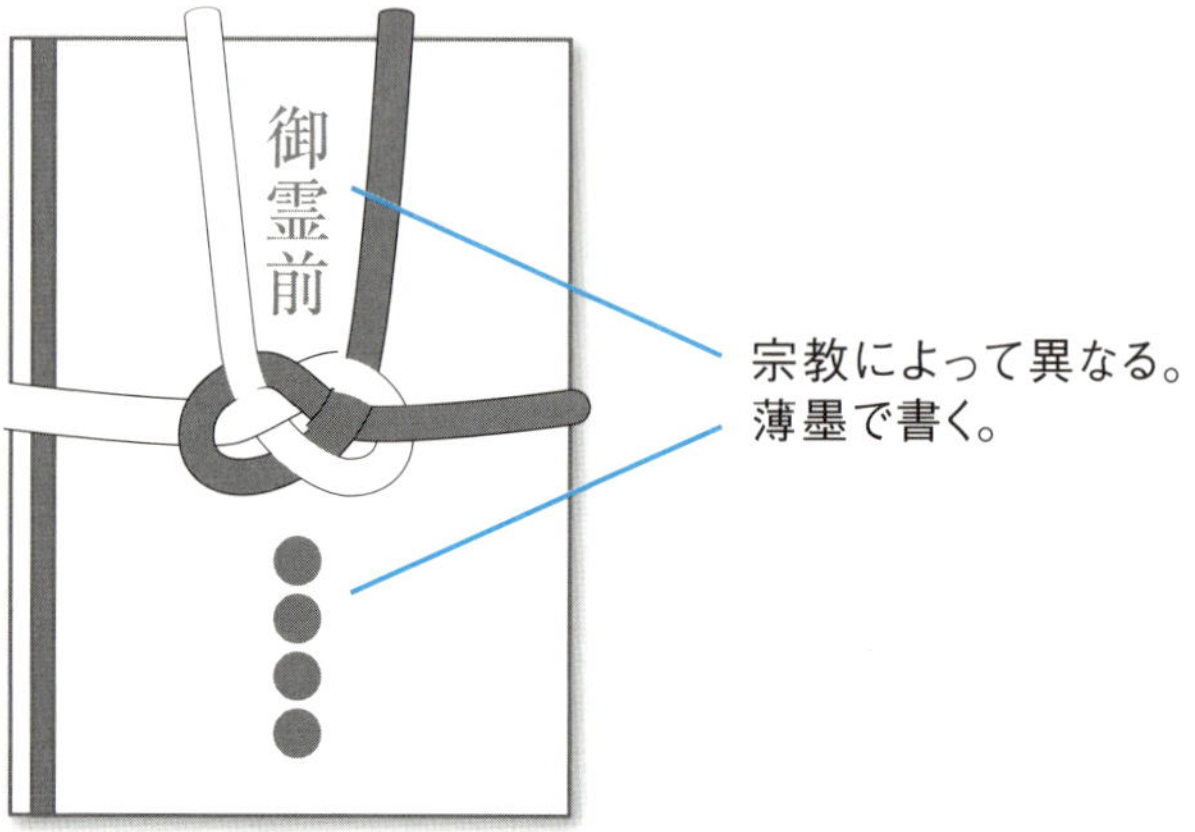


| | どの宗派も使える | 仏式の場合 | 神式の場合 | キリスト教式の場合 | 無宗教か不明の場合 |
|---|---|---|---|---|---|
| 通夜・葬儀 | 御霊前《ごれいぜん》 | 御香典《おこうでん》 | 御榊料《おさかきりょう》<br>御玉串料《おたまぐしりょう》<br>神饌料《しんせんりょう》 | 御花料<br>御ミサ料 | 志<br>御花料 |
| 葬儀終了後の法事 | | 御仏前<br>御香典 | 御榊料 | 御花料 | |

## 中 袋

金額と住所、名前を明記。

## 外袋の折り方

祝儀袋とは逆の折り方、下から折って、上を重ねる。



## 弔事の袱紗の包み方

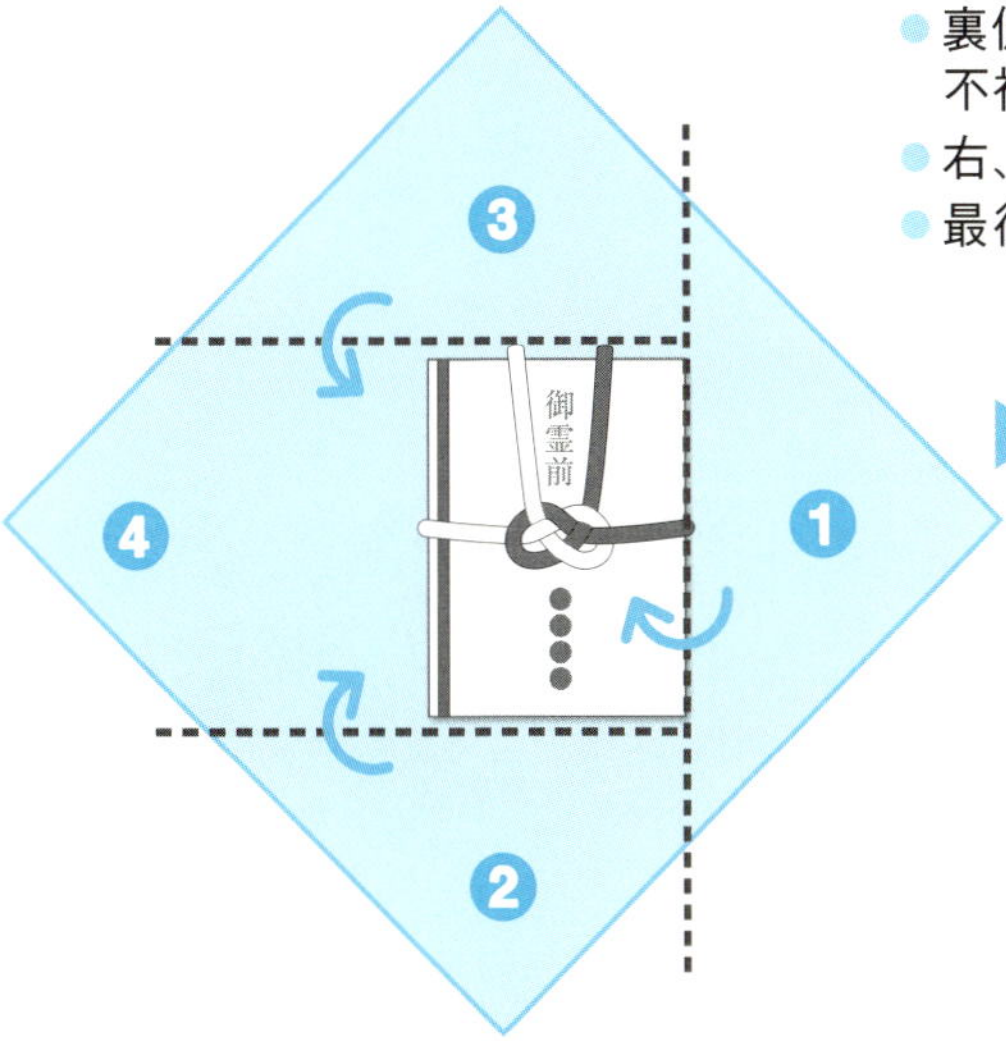


- 裏側の中央より、やや右に不祝儀袋を置く。
- 右、下、上の順に折る。
- 最後に左側を折り返す。

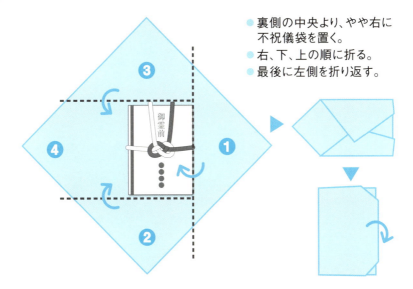

04

# 葬儀には定刻より前に到着する

point

- 受付では香典を渡して記帳する
- 焼香などのふるまいは、周囲にならう
- 遺族の気持ちを推し量り、慎ましやかに挨拶する

## 弔いごとの基本を頭に入れておこう

葬儀のスタイルは、大きくは、「仏式」「神式」「キリスト教式」の3つに分かれます。しきたりや形式は宗派や地方によっても異なりますが、仏式が大半なので、基本を頭に入れておきましょう。

通夜式や葬儀には、定刻の10分前には会場に到着します。会場に着いたら、受付に向かい、一礼をして「このたびはご愁傷様でございます」という簡単な言葉でお悔やみの挨拶を述べます。挨拶の後は芳名帳に住所、氏名を記入し、香典を渡したら、案内係に従って席につきます。

通夜式では、式の後に、弔問客への返礼を込めて軽い食事やお酒を振る舞う「通夜振る舞い」があります。故人の供養にもなるので、招かれたら少しでも出席しましょう。

仏式の葬儀では、喪主、近親者の後に、一般の参列者も席順に焼香を行います。一般会葬者は焼香をすませたらそのまま帰っても差し支えはありませんが、時間に余裕があれば出棺まで見送りましょう。

## 焼香の仕方

1

祭壇の前まで進んで僧侶、遺族に一礼。
遺影に向かって一礼。焼香台の前まで進んで軽く会釈する。

2

右手の親指、人差し指、中指で香をつまむ。

3

軽く頭を下げて、目の高さまで捧げて香を香炉にくべる。これで1回。

4

焼香は1～3回、人数が多い場合は1回にとどめる。

5

遺影・祭壇に向かって合掌し冥福を祈る。

**【著者紹介】**


## 古谷　治子（ふるや・はるこ）

◉——文教女子短期大学卒業後、東京放送・中国新聞社にて９年間実務を経験。その後、教育コンサルタントとして独立。大学・短期大学にて「就職支援講座」「ビジネス行動学」の講師を務める傍ら、心理学・カウンセリングを学ぶ。

◉——1993年、㈱マネジメントサポートを設立、現在、マネジメントサポートグループ代表として、４つの教育専門会社を率いる。研修実施回数は２万5000回以上、リピート率90％を誇る教育研修業界の老舗。日本初の「CSクレーム応対検定基礎知識編」「ビジネスマナー検定」など、WEB検定を開発し、好評を博す。新入社員指導の実績はのべ50万人以上。また２千余名のマナー指導者を育成するなど、後進講師の育成にも力を入れている。

◉——おもな著書（監修書を含む）に『クレーム対応の全技術』『この１冊でOK！「仕事の基本」が身につく本』（以上かんき出版）、『簡単だから伝わる！ 語学力いらずの３ステップ おもてなし術 』（日経BPコンサルティング）などがあり、累計では40冊を超える。

【URL】http://www.ma-support.co.jp/



**〈イラスト＆図解《ずかい》〉社会人《しゃかいじん》１年目《ねんめ》の仕事《しごと》とマナーの教科書《きょうかしょ》**　〈検印廃止〉

2019年１月21日　　第１刷発行
2025年５月１日　　第６刷発行

著　者——古谷　治子
発行者——齊藤　龍男
発行所——株式会社かんき出版
東京都千代田区麹町4-1-4 西脇ビル　〒102-0083
電話　営業部：03(3262)8011㈹　編集部：03(3262)8012㈹
FAX　03(3234)4421　　振替　00100-2-62304
http://www.kanki-pub.co.jp/

印刷所——新津印刷株式会社